U0449614

SEMI RITROVATI

种子革命

[意] 马可·博斯克罗 著
（Marco Boscolo）
伊丽莎白·托拉
（Elisabetta Tola）

丁滢滢 译

人民东方出版传媒
People's Oriental Publishing & Media
東方出版社
The Oriental Press

图字：01-2023-1446 号

Original title: Semi ritrovati. Viaggio alla scoperta della biodiversità agricola by Marco Boscolo and Elisabetta Tola.
© 2020 Codice edizioni, Torino, Italy
The simplified Chinese translation rights arranged through Rightol Media（本书中文简体版权经由锐拓传媒取得 Email:copyright@rightol.com）

中文简体字版专有权属东方出版社

图书在版编目（CIP）数据

种子革命 /（意）马可·博斯克罗,（意）伊丽莎白·托拉 著；丁滢滢 译. —北京：东方出版社，2024.1
（世界新农丛书）
ISBN 978-7-5207-3505-6

Ⅰ.①种… Ⅱ.①马… ②伊… ③丁… Ⅲ.①粮食安全—研究 Ⅳ.①F307.11

中国国家版本馆 CIP 数据核字（2023）第 113697 号

种子革命
（ZHONGZI GEMING）

作　　者：	[意]马可·博斯克罗　伊丽莎白·托拉
译　　者：	丁滢滢
责任编辑：	申　浩
出　　版：	东方出版社
发　　行：	人民东方出版传媒有限公司
地　　址：	北京市东城区朝阳门内大街 166 号
邮　　编：	100010
印　　刷：	北京明恒达印务有限公司
版　　次：	2024 年 1 月第 1 版
印　　次：	2024 年 1 月第 1 次印刷
开　　本：	880 毫米×1230 毫米　1/32
印　　张：	8.25
字　　数：	180 千字
书　　号：	ISBN 978-7-5207-3505-6
定　　价：	68.00 元

发行电话：(010) 85924663　85924644　85924641

版权所有，违者必究

如有印装质量问题，我社负责调换，请拨打电话：(010) 85924602　85924603

"拥有种子便拥有人类的过去、现在和未来。"

法国农业企业家贝特朗·拉塞涅(Bertand Lassaigne)

"世界新农"丛书专家委员会

（按姓氏汉语拼音排序）

才　胜	中国农业大学工学院，硕士生导师
陈　林	首辅智库学术委员会副主任委员
陈　猛	厦门大学环境与生态学院教授
陈能场	广东省科学院生态环境与土壤研究所研究员，中国土壤学会科普工作委员会主任
陈统奎	《南风窗》杂志前高级记者、全国返乡论坛发起人、6次产业家社群营造者、火山村荔枝创始人
冯开文	中国农业大学经济管理学院教授
谷登斌	河南丰德康种业股份有限公司总经理、研究员，第四届国家农作物品种审定委员会委员
侯宏伟	河南师范大学商学院MBA教育中心办公室主任，硕士生导师
胡　霞	中国人民大学经济学院教授，博士生导师
宋金文	北京外国语大学北京日本学研究中心教授
仝志辉	中国人民大学农业与农村发展学院教授，中国人民大学乡村治理研究中心主任
徐祥临	中共中央党校高端智库深化农村改革项目首席专家，经济学教授、博士生导师，首辅智库三位一体合作经济研究院院长
杨尚东	广西大学农学院教授
张耀文	德国国际合作机构（GIZ）职业教育与劳动力市场高级顾问
周维宏	北京外国语大学北京日本学研究中心教授，博士生导师

出版者的话

在中国共产党第二十次全国代表大会开幕会上，习近平总书记指出要全面推进乡村振兴，坚持农业农村优先发展，巩固拓展脱贫攻坚成果，加快建设农业强国，扎实推动乡村产业、人才、文化、生态、组织振兴，全方位夯实粮食安全根基，牢牢守住十八亿亩耕地红线，确保中国人的饭碗牢牢端在自己手中。

乡村振兴战略的提出，让农业成为有奔头的产业，让农民成为有吸引力的职业，让农村成为安居乐业的美丽家园。近几年，大学生、打工农民、退役军人、工商业企业主等人群回乡创业，成为一种潮流；社会各方面的视角也在向广袤的农村聚焦；脱贫攻坚、乡村振兴，农民的生活和农村的发展成为当下最热门的话题之一。

作为出版人，我们有责任以出版相关图书的方式，为国家战略的实施添砖加瓦，为农村创业者、从业者予以知识支持。从2021年开始，我们与"三农"领域诸多研究者、管理者、创业者、实践者、媒体人等反复沟通，并进行了深入调研，最终决定出版"世界新农"丛书。本套丛书定位于"促进农业产业升级、推广新农人的成功案例和促进新农村建设"等方面，着重在一个"新"字，从新农业、新农村、新农人、新农经、新理念、新生活、新农旅等多个角度，从全球范围内精心挑选各语种优秀"三农"读物。

他山之石，可以攻玉。我们重点关注日本的优秀选题。日本与我国同属东亚，是小农经济占优势的国家，两国在农业、农村发展的自然禀赋、基础条件、文化背景等方面有许多相同之处。同时，日本也是农业现代化高度发达的国家之一，无论在生产技术还是管理水平上，有多项指标位居世界前列；日本农村发展也进行了长时期探索，解决过多方面问题。因此，学习日本农业现代化的经验对于我国现代农业建设和乡村振兴具有重要意义。

同时，我们也关注欧洲、美国等国家和地区的优质选题，德国、法国、荷兰、以色列、美国等国家的农业经验和技术，都很值得介绍给亟须开阔国际视野的国内"三农"读者。

我们也将在广袤的中国农村大地上寻找实践乡村振兴战略的典型案例、人物和经验，将其纳入"世界新农"丛书中，并在世界范围内公开出版发行，让为中国乡村振兴事业作出贡献的人和事"走出去"，让世界更广泛地了解新时代中国的新农人和新农村。我们还将着眼于新农村中的小城镇建设与发展的经验与教训，在"世界新农"丛书的框架下特别划分出一个小分支——小城镇发展系列，出版相关作品。

本套丛书既从宏观层面介绍21世纪世界农业新思潮、新理念、新发展，又从微观层面聚焦农业技术的创新、粮食种植的新经验、农业创业的新方法，以及新农人个体的创造性劳动等，包括与农业密切相关的食品科技进步；既从产业层面为读者解读全球粮食与农业的大趋势，勾画出未来农业发展的总体方向和可行路径，又从企业、产品层面介绍国际知名农业企业经营管理制度和机制、农业项目运营经验等，以期增进读者对"三农"的全方位了解。

我们希望这套"世界新农"丛书，不仅对"三农"问题研究者、农业政策制定者和管理者、乡镇基层干部、农村技术支持单位、政府农业管理者等有参考价值，更希望这套丛书能对诸多相关大学的学科建设和人才培养有所启发。

我们由衷地希望这套丛书成为回乡创业者、新型农业经营主体、新农人,以及有志在农村立业的大学生的参考用书。

我们会用心做好这一套书,希望读者们喜欢。也欢迎读者加入,共同参与,一起为实现乡村振兴的美好蓝图努力。

目 录

1 译者序

001 第一章
　　意大利
　　田间的多样性：实验与创新

029 第二章
　　伊　朗
　　小麦的起源地

051 第三章
　　埃塞俄比亚
　　种子库和田间保存种子是粮食安全的关键

077 第四章
　　法　国
　　欧洲之面包与政治

101 第五章
　　塞内加尔
　　西非种子展览会

127 第六章
　　印度尼西亚
　　寻找红米

149 第七章
　　美　国
　　乡村和城市的艺术与美食

177 第八章
　　南　非
　　地方品种，全球权利

205 第九章
　　意大利
　　打造闭合式循环产业链

225 后　记
237 鸣　谢
239 参考文献

译者序

一粒小小的种子可以改变一个世界。种子在农民眼中代表着明年的希望,而对科学家来说则是消灭饥饿的生物学方舟。生物学家和遗传学家尼古拉·伊万诺维奇·瓦维洛夫(1887—1943年)用20多年走访了全球50多个国家和地区,采集了数万份种子材料,并建立了世界上第一座种子库。瓦维洛夫在考察旅行途中往列宁格勒(即今日的圣彼得堡)寄回一袋又一袋的种子和植物样本,他是第一个提出建立种子库设想的人,他认为种子库既可以作为苏联和全世界农学家的研究资料,又可以为抗击饥荒提供遗传资源。

瓦维洛夫的科研生涯基本上是在野外考察中度过的,曾博得"当代考察旅行最广泛的生物学家"称号。他给世界留下的理论,成为植物种子资源收集、引种驯化、杂交育种的理论基础,使育种学成为有理论指导的真正科学。瓦维洛夫不仅发现了巨大的遗传变异性储存,而且意识到在世界各地栽培的植物的传播背后有着清晰的历史路径,这种传播可能是借助农民之间相互交换,或者沿着贸易路线的运输,作为礼物从地球上的一个地方运送到另一个地方。他发现栽培的植物中每一种都有精确的产地，每一种都来自地球上的一个确切的区域。他根据地球上栽培植物种类的地理分布情况，提出了作物起源中心学说，这是目前关于栽培植物起源中心最有影响力的学说。

循着瓦维洛夫的足迹，作者马可·博斯克罗和伊丽莎白·托拉深入走访了南非、塞内加尔、埃塞俄比亚、伊朗、印度尼西亚、法国、美国和意大利八个国家。他们采访了许多农业生物多样性的守护者和捍卫者，讲述了众多研究人员、农民等为生物多样性保护付出的努力的故事，也诠释了生物多样性之于人类的意义。

气候变化在全球范围内造成了规模空前的影响，导致粮食生产面临威胁，此外，几大杂交品种覆盖了全球大部分的耕地，使全球农作物品种变得非常单一。人们对粮食安全的担忧日益增加。在考察过程中，作者观察到不同国家和地区的人们通过恢复地方品种和农业创新，寻找能够应对日趋多变的气候的植物品种。他们希望突破常规农业、绿色革命和集约化农业带来的瓶颈问题，他们认为只有这样才能消除饥饿，避免气候变暖威胁粮食安全。他们是将学术研究与农民的传统知识相结合的科学家，是从城市迁移到农村的新乡村主义者，是靠农田的收入维持生计的农民，是专注种植当地品种的创业者……他们是梦想家，也是创新者，他们都在为农业发展寻求一条不同的道路，实现种种突破。尽管他们生活在不同的国家和背景下，但是在可持续农业生产、寻求粮食安全和主权方面却有着同样的认知和理念。他们坚信，农作物的多样性是由于生存环境的多样性、社会文化的多样性以及农民生计需求的多样性而形成的。这种多样性是人类赖以生存和持续发展的基础，也是人类的巨大财富。

小小的一粒种子是那么不起眼，却又蕴藏着如此惊人的力量。种子是生命和希望，是应对气候危机、环境危机以及维持生计的重要资源，也是人类的未来。种子落在哪里，就会在那里长出新的作物。让我们追随瓦维洛夫的足迹一起去开启发现和探索种子的故事吧……

第一章

意大利

田间的多样性：实验与创新

第一章 意大利 田间的多样性：实验与创新

当绕过最后一个弯道上山时，我们从各种高度、形状和颜色的玉米穗中瞥见了他们。我们看到了他们头上的宽边草帽、运动帽和五颜六色的手帕，他们有的梳着马尾辫，有的编着辫子，还有的编着满头的个性脏辫，他们有的是秃头、光头、晒黑的头。不同年龄的女人和男人，在6月的烈日下，他们有的穿得克制内敛，有的随性张狂。他们在田地里来回穿梭，触摸着玉米穗，品尝、测量，一同评论，发表意见。然后在一张纸质图表上做记录，上面整齐地标明了他们被要求评估的200个实验地块。

这就像是一种仪式。近年来，在谷物收获前的几周，在5月底和6月之间，根据纬度的不同，我们在不同的农场见到过许多次这样的情景。来自意大利各地的许多农业人士参与到这种"仪式"之中，还有研究人员、消费者、教师、活动家，甚至一些好奇的参观者。这种仪式有点像户外活动，有点像乡村节日，也有点像教学和研究的课堂，在佩乔利这里也是如此，从这座小镇沿着古老的弗朗西格纳路的其中一段，穿过比萨起伏的山丘，连接着欧洲与罗马古城。我们所在的农场由罗萨里奥·弗洛里迪亚（Rosario Floriddia）经营，他有属于自己的独特行事风格。

意大利的乡村种子网络（Rete Semi Rurali）是一个由40多个协会和组织组成的网络，由他们负责协调我们此次的行程。该网络是由农学家瑞卡多·博奇（Riccardo Bocci）和其他同事共同创立的，十多年来一直致力于发展和推广保护田间生物多样性和保护农业知识的农业模式。但是，正如我们在采访许多有勇气和开拓精神的农业人士的过程中所听到的那样，他们并不只是拘泥于过去。甚至在这些圈子里，"传统"这个词的意思是传统知识与研究和创新的结合。位于佛罗伦萨附近斯堪迪奇小镇的意大利网络（Rete italiana）是名为"让我们释放多样性"（Let's Liberate Diversity）非正式欧洲组织的一部分，其名称是指丰富田间和餐桌食物的多样性。

今天，徘徊在麦穗间的那些人有着一项艰巨的任务。他们需要选择新的小麦品种以及混合种群，即包含多种小麦的杂交品种，这些品种将在未来几年内栽培。与工业化农业依赖于统一、同质的品种理念相反，在这种农业模式中田地里的每一种植物都是独一无二的。指导他们的是研究员萨尔瓦托雷·塞卡雷利（Salvatore Ceccarelli），他的名字经常出现在许多提高生物多样性的实验中，我们在伊朗和埃塞俄比亚的考察中也遇到了

第一章 意大利 田间的多样性：实验与创新

他。我们看到他在玉米穗间徘徊，甚至没有流一滴汗水，仿佛40℃的田间是他的自然居所。

塞卡雷利是参与式遗传改良育种的主推者。这种模式看似复杂，其实并不难以理解，是指在不同地区种植的作物育种程序中让农学家、遗传学家和农民共同参与合作。而不是像工业化农业那样，把育种完全委托给专门的机构或企业。

塞卡雷利在农业领域的多本杂志上发表的大量科学论文中指出，农工系统的一个巨大的局限性是，种子公司仅仅通过每年投放市场的新品种数量来判断该行业的生存能力。这是一个没有考虑到品种的实际应用的数据。而根据这位遗传学家的观点，其实最重要的数据是采用率，即随后被农民实际选择并播种的新品种的百分比。而这个比值应该是比较低的，特别是在大量投入水、肥料和化学品的经济资源短缺的高投入农业地区，包括意大利和全球南方国家。

工业化的种子需要投入大量的水和肥料，往往不能满足小农耕作的需求。工业化的种子以增加作物产量为主要目的，而非充分注重口味和质地等其他要素。或者说，工业化种子不适合某些文化地区的特殊用途，例如制作传统食品，也不适合能够有效利用农作物及秸秆饲料的循环式生态农场。因此，在这种情况下，近几十年来培育的矮生品种并不适用。

简而言之，以投放市场的新品种的数量来判断种子公司，就像以每年推出的新鞋款式的数量来衡量鞋业经营状况,而不是以销量和消费者的评价为判断基准如出一辙。在农民和粮食生产之间的关系上,塞卡雷利有着自己较为激进的观点。

"九千多年来,农民遵循着一种循环模式,四季更迭,他们会选择并留出最好的种子用于下一年播种。农民之间交换和分享种子,尝试种植新的作物,在这种不间断的循环中,遗传多样性起到了巨大的作用,并得到了农民的重视",塞卡雷利在实地考察后喝着红葡萄酒向我们说道。

"在过去的五六十年里,所有这些都被一种线性的、工业化的农业模式所抹杀,农民因此被贬为育种和选种过程的旁观者,农民成为链条中的最后一环,他们到市场上购买种子,却不知道种子是怎样获得的。"他停了下来,抿了一口红葡萄酒,似乎在思考人在这个机制中所起的作用。"在这种模式下,一个集权力、权威和控制种子于一体的企业综合系统应运而生,而这些企业也是农药和其他农业化学品的生产商。这是一个巨大的市场,其背后有着巨大的金融利益。"德国制药和农用化学品巨头拜耳公司以总额逾660亿美元的价格收购美国孟山都公司;中国化工集团成功收购在遗传选择领域拥有领先技术的瑞士先正达公司;美国化工巨头杜邦公司和陶氏化学合并。经过这一系列的合并收购,全球市场上出现农用化学品三大巨头,业界对这些交易颇有微词。今天,由这三家大型公司控制

第一章　意大利　田间的多样性：实验与创新

的世界种子市场的份额达到 65% 以上，而该行业全球排名前十位的公司所占份额是 75%。

这种较高的市场集中度带来的后果不仅仅体现在资本上，而且从研究和创新的角度来看也令人担忧。美国农业部也曾多次强调这一点，没有竞争就会导致行业过于保守、停滞不前。①

萨尔瓦托雷·塞卡雷利为科研事业四处奔走。在意大利图西亚大学，作为一名教授，他无法像自己希望的那样为农民的具体问题寻找解决方案。于是，他踏上了旅程。他的第一站是前往位于叙利亚的国际干旱地区农业研究中心（International Center for Agricultural Research in the Dry Areas，ICARDA）②。当地农民传承了千年的农业知识传统，同时对创新和改善当地生产有着强烈的兴趣，因此塞卡雷利与他们展开了一系列实验，塞卡雷利驻扎在阿勒颇，但他不是在田间就是在飞机上。主要是去非洲和中东，了解缺水、使用现代品种生产非常困难且对灌溉和化学投入的要求很高的农村地区。塞卡雷利在印度的海德拉巴工作了一段时间后，又回到了意大利，并在恢复、改良、田间选种和将当地品种投入生产的领域工作，涉及的品种主要包括番

---

① 我们将在本书第七章关于美国的章节中更详细地讨论种子市场集中度的问题，因为美国对这一问题的研究更加深刻，发表成果数量更多。
② 国际干旱地区农业研究中心成立于 20 世纪 70 年代，正值"绿色革命"的鼎盛时期，该中心致力于促进干旱地区的农业研究发展，其总部设在阿勒颇。叙利亚内战打响后，2012 年总部被迫迁至黎巴嫩首都贝鲁特。种子库的大部分植物种子被抢救出来，并被运到研究所的其他中心。

茄、西葫芦、小麦、玉米。

寻找适合气候变化的种子和品种不仅仅是较贫穷国家的问题，也是一个全球问题，没人能够逃避，尤其是地中海地区。IPCC 于 2019 年发表了关于气候变化、土地使用和荒漠化的特别报告①，报告中明确阐释了这一问题。意大利南部相当多的地区正在被归类为干旱地区。因此，我们更有理由在不需要太多投入且生命力强大的作物上下功夫。

我们首先需要打破一个关于农民的刻板印象。农民并没有怀念模糊的复古自然观念，他们并不渴望倒退，也不可能在田间使用魔法和巫术。相反，他们需要的是一门精准的科学，能够精准分析，并考虑土壤、气候和环境条件的差异，在这个过程中他们十分愿意参与合作，而不是局限于满足适合所有地区的常规模式。正如气候学家所解释的那样，在地中海地区，不同环境的条件变化会非常突然和剧烈，因此，模型建立在过大尺度上很可能是彻底无效的。

与塞卡雷利交谈需要大量的精力，因为他总是领先一步。我们曾多次见到他，但他总是在阳光明媚的田间，在不厌其烦地欣赏和评论的各色玉米穗之间穿梭。有时候那种情景与其说

---

① IPCC，2019 年，《气候变化与土地：IPCC 关于气候变化、荒漠化、土地退化、可持续土地管理、粮食安全及陆地生态系统温室气体通量的特别报告》。

第一章 意大利 田间的多样性：实验与创新

是我们在采访他，不如说是我们在追赶他。在佩乔利这里也是如此，当时塞卡雷利正在与参观弗洛里迪亚农业公司田地的一些访客交流。"参与式遗传改良付诸实践后"，他指着其中的一块实验地说，"就不再需要到市场上购买种子，农民至少对自己的命运会有更多的掌控权"。

近年来，塞卡雷利并不只是从种子库提取种子，而是将其重新投入种植，或者从某所大学研究所或意大利国家研究委员会（CNR）的收集中提取种子，从而根据环境条件选择品种。美国农学家科伊特·苏尼森（Coit Suneson）在20世纪50年代中期已经在加利福尼亚大学戴维斯分校研究一种叫作进化遗传改良的方法。塞卡雷利决定另辟蹊径，将苏尼森的理论带入到该领域。

实际上苏尼森的研究工作在很长一段时间内都是一纸空文，因为其背景是工业化农业的繁荣时期，大量的肥料、氮基肥料和创新的灌溉系统的供应是促成种植单一作物的主要因素。"增加世界粮食产量需要新的思路"[1]，这句话摘自苏尼森于1956年发表的论文中的序言，在今天听来仍旧意义深刻。这篇论文的参考文献也颇具价值，因为苏尼森的研究建立在哈里·沃赫·哈兰（Harry Vaughh Harlan）和玛丽·马蒂尼（Mary Matini）两位农

---

[1] 科伊特·苏尼森（1903—1976）的文章于1956年以《进化的植物育种方法》为题发表在《农学杂志》第48期，第188—191页。

学家于 20 世纪 20 年代末展开的一些大麦实验之上。

同一时期，意大利正陷入小麦之战，法西斯政权发起的小麦之战是为了提高小麦作物的产量，他们认为小麦产量太低，无法满足国家需求。遗传学家和农学家纳扎雷诺·斯特兰佩利（Nazareno Strampelli）①为战胜这场挑战作出了重要贡献，他在 20 世纪初将小麦作物的生产力从每公顷 1 吨提高到 1.5 吨，在 30 年内杂交了数百个小麦品种和变种，并且与一些相关的野生类型杂交。斯特兰佩利认为有必要在意大利建立一个实验站网络，以便在不同的环境条件下对品种进行测试。

就在这段时期，谷物栽培实验站在意大利的粮仓——西西里岛的卡塔尼亚市——成立。担任实验站主任的农学家乌歌·德·切利斯（Ugo De Cillis）选择了最重要的西西里岛小麦品种，并成功登记了最适合该地区农业的 45 个地方品种。这本登记册曾长期被人遗忘，如今有些品种已经重新出现。这些历史悠久的品种包括：蒂米利亚小麦（Timilia）、马格里托小麦（Margherito）、比迪小麦（Bidì）、马略卡小麦（Maiorca）。

总之，对许多国家来说，20 世纪的前 30 年为现代农学奠定了基础。虽然各个国家发展的原因和方法各不相同，尤其是在

---

① 关于纳扎雷诺·斯特兰佩利（1886—1942）的最新历史资料可参考以下书籍：Sergio Salvi, L'uomo che voleva nutrire il mondo. I primi 150 anni di Nazareno Strampelli, Accademia Georgica Treia, 2016.

不同的政治背景之下，但其目标是相同的，都是以孟德尔定律传播数十年后进行构建和组织的遗传知识为基础的，旨在加强农业食品生产系统。

这段时期也是交流频繁、旅行考察和探索的时代，学术会议及科学协会如雨后春笋般涌现。从某些方面来看，尽管在时间、交流工具和方式上显然与今天非常不同，而且效率也不算高，但是这种学术氛围与全球化的今天并无二致。

哈里·哈兰是那个时期美国农学的知名人物，是尼古拉·瓦维洛夫的挚友。哈兰的儿子杰克是一名农学学生，当时正在学习俄语，并准备前往位于列宁格勒的研究所工作交流一段时间。但瓦维洛夫事件的发展以及他与苏维埃政权日益紧张的关系使这种交流变得极为困难。在杰克·哈兰（Jack Harlan）1995年出版的《活着的田野》一书中提道，为了安全起见，他的父亲和瓦维洛夫制定了一套书信往来的暗语代码，将一些不能明说的事情告诉对方。因此，如果有一封从苏联寄来的信以"我亲爱的哈兰博士……"开头时，则意味着问题比较复杂。正是这样一封以"我亲爱的哈兰博士，你告诉我的关于中国大麦的事情非常值得探讨"为开头的信，让哈兰的父亲意识到瓦维洛夫遇到了麻烦，1938年，这封信中除了约定的开头语之外，还提到了一个从未谈及的话题。就这样，哈兰的儿子最后留在美国，在伯克利大学完成了学业。

20年后，塞卡雷利在其著作中引用的农学家科伊特·苏尼森继承了哈兰的工作，继续沿着进化育种实验的路线前进。苏尼森在加利福尼亚大学的实验田里播种了许多大麦品种的杂交品种，并在连续几代中跟踪混合族群的演变。农家年复一年的种植，种群在不同气候、土壤变化和其他外部因素的影响下，通过环境的自然选择，演化出优良族群。

混合族群在塞卡雷利的研究中被称为混合种子，其特点是经过优胜劣汰后，每年都可以保留比较优良的混合种子。此外，混合种子进一步发生杂交，因此种群虽然不一定具有均质性，但具有稳定性，而且构成种群的不同品种也不总是以相同的比例出现。

苏尼森发表研究报告时，声称这种方法可以使产量与传统育种方法获得的产量相同甚至更高。他认为，混合族群还有其他优势，例如，需要投入的化学品较少，可降低种植成本。但是在那一时期，人们可以大量施用化肥和农药，且没有认识到化肥和农药与生存环境及身体健康的紧密联系，因此苏尼森的这些想法远远超前于他所处的年代。

直到30年后，人们才广泛认识到农业中大量使用化学品所带来的潜在危害，但是仍需要较长时间才能完善包括国际公约在内的法律法规体系，从而有效控制农耕地中的农药使用量。[1]

---

[1] 具体可参考蕾切尔·卡森发表于1962年的《寂静的春天》。

第一章 意大利 田间的多样性：实验与创新

在塞卡雷利出版的相关图书《农民与参与式育种》(*Mescolate contadini mescolate*)中，通过通俗易懂的语言总结了作者这些年来在科学杂志上发表的内容。他详细介绍了自己一直致力于推广的两种技术：参与式育种，即从种子库和收藏品获取种子；以及进化式育种。

进化式育种不只是许多品种的混合，而是随着时间的推移培育出具有新的性状的品种。这与酿制葡萄酒有些相似，很难有两个完全一样的年份。

这种参与式育种方法在南方世界国家的应用越来越深入，以应对资源匮乏且复杂多变的气候条件。而拥有安全食品供应的北方世界国家选择这种育种法，其目的是替代传统的工业化农业。我们从介绍这些实验的科学出版物中了解到世界各地数百个这样的实验。当然，其方法并不总是完全一样的。但所有这些实验的共同特点都是农民自始至终的参与。将品种种植到农场专门的地块中，以确保评估结果具有稳定性，同时能够适用于不同的土壤类型、光照和风力条件。第一次实验可以追溯到 20 世纪 90 年代中期的叙利亚，但后来在突尼斯、摩洛哥、阿尔及利亚、埃及、也门、埃塞俄比亚、印度、美国，以及几个欧洲国家，包括芬兰、匈牙利、法国、西班牙、比利时和英国，也进行了实验。

罗萨里奥·弗洛里迪亚（Rosario Floriddia）是一位意大利农

民企业家，他发起了参与式田间研究，并在不同的地块播种了多个品种，以及混合种子和族群。弗洛里迪亚长着一张宽脸，浅灰色的大眼睛，性情质朴随和，他总是很乐意讲述关于农场的故事。"在佩乔利这里，我已经种植了许多品种的小麦，包括硬小麦和软小麦，至今已有十多年了。我从来都不担心，因为无论气候如何变化，至少到目前为止收获都是相当可观的。例如，软小麦品种弗拉西内托（Frassineto）比较适合生长在这里，但在佛罗伦萨北部的穆杰罗山谷（Mugello）或海边就长得不好，而软小麦品种维尔纳（Verna）则适合种植在山区。由于田间的这种多样性，我的作物产量肯定没有好年景时单一品种的产量高，但在这种多样性中，即使出现极端天气也总有一些品种能够应对，因此每年都能大抵保证作物的总产量。"

多年来弗洛里迪亚一直采用有机耕作方法来耕种他的土地。他认为这种方法回报颇丰，"田间的多样性吸引了多种不同的昆虫，它们之间产生竞争，因此我不需要使用任何合成杀虫剂"。

他对世界的看法也带有一点理想主义者的色彩。"如果未来我们能在农民、科学家、加工商和消费者之间达成强有力的合作……那么改变世界就是小菜一碟。嗯，但现在还不太现实！"弗洛里迪亚坚信农业在文化和社会经济方面都具有附加值。目前，他的公司雇用了大约10名员工，他不断投资于创新。公司配有最新一代的光学磨粉机，可筛分出不透明或不同颜色的小

第一章　意大利　田间的多样性：实验与创新

麦（可能受到真菌或其他寄生虫侵染）；公司成立意大利面厂和面包店，在农场和网上销售自己的最终产品；最近还购置了一套冷藏设备，可将小麦和面粉储存在合适的环境下，减少遭到污染和营养成分流失的风险。

我们曾多次前往弗洛里迪亚农场参加农民会议，有时是参加一场聚会，但有时只是去与弗洛里迪亚聊聊天。每次我们都会有新的发现。可能在很多人的印象中，从事农业的人都有些执拗、保守，但是他截然不同。"我是个地地道道的农民，我父亲来自意大利南部的西西里岛，母亲来自中部的阿布鲁佐大区。他们在这里相遇，他们都是农民。"

这家公司的成立史与其他许多小型的意大利公司大同小异。从开始时的几块土地，到后来父母一点一点地购买更多的土地，公司规模也越来越大。"我们公司在这里诞生。自1985年以来，我父母决定不再购买土地，而是转为有机管理。但除了不再使用化学合成产品外，在其他方面却并无新意。我们仍然从农业合作社或者种子公司购买种子。"但是，在21世纪初，弗洛里迪亚认识了佛罗伦萨大学的农学家和遗传学家斯特凡诺·贝内德泰利（Stefano Benedettelli），之后他们便开始进行了田间实验。

我们跟贝内德泰利一同坐在树荫下。在离我们几步之遥的地方，萨尔瓦托雷·切卡雷利指导的评估活动正在有序地进行着。从田野对面的厨房里传来一阵阵声音,在前院的红色帐篷下,有人在布置着午餐的餐桌。这种浓郁的乡村风格,可能与很多人想象中的农业和遗传研究的场景相去甚远。

贝内德泰利平静、镇定、温和,并且对自己的观点十分笃定。他说自己在索马里工作时,就意识到参与式育种在农业中具有重要价值,那里的农民对气候、土壤和品种有着深刻的了解,而这些因素也正是他从遗传学角度展开研究的工作重点。在意大利南方的巴里市国家研究会(CNR)工作期间,贝内德泰利四处奔走,参与粮农组织的任务,收集小麦种质资源。①

20世纪90年代中期,贝内德泰利在成为佛罗伦萨大学的教授之后,开始另辟蹊径。他将20世纪初最古老的种子和粮农组织在70年代和80年代储存的种子,与今天的商业种子进行对比。于是,贝内德泰利与他的合作者莉塞塔·吉塞利(Lisetta Ghiselli)一起,着手研究遗传学家马可·米哈黑乐斯(Marco Michahelles)于20世纪20年代和50年代之间研发的弗拉西内托伯爵的托斯卡纳 Fontarronco 小麦。其中一些古老小麦品种包括:Gentil Rosso、Gentil Bianco、Frassineto 和 Inallettabile(在意大利语中是指该品种的麦穗成熟后不易倒伏)等。他们在田里

---

① 种质是决定作物遗传性状,并将遗传信息从亲代传递给子代的遗传物质。一个物种的种质由多个品种组成,因此代表了一个物种的全部遗传变异性。它可以以种子或其他生殖材料(扦插、植物组织、花粉、孢子)的形式保存下来。

种植这些品种,然后与当代高产小麦进行比较,从某种角度来说,得出的结果非常有价值。小麦的秸秆通常比较高,古老的小麦品种可能会在风中弯曲,却不容易发生虫害,更有本土气息,需要投入的化学物质较少。

这些品种在佩乔利找到了自己的归宿,与西西里小麦品种的种群以及地中海其他地区的种子,甚至叙利亚的品种混种在一起。总之,就像过去一样,将种子从世界的一个地方传播到另一个地方,让它们接受考验。

——

农民企业家朱塞佩·李·罗西(Giuseppe Li Rosi)曾获哲学学士学位。作为一个地道的西西里岛人,李·罗西以西西里方言和独有的黑色卷发为荣,举手投足都散发着非凡的个性魅力,自然而然地成为大家关注的焦点。我们前往西西里岛卡塔尼亚省的拉杜萨(Raddusa)小镇采访他,这里离恩纳市很近。那是4月的一天,阳光明媚,小麦绿油油的,麦穗还很小。李·罗西在20世纪90年代末就已经决定将农场转为有机生产模式,接手管理父亲安杰罗的农场之后,在21世纪的最初几年,他开始了一场小规模的创新,将之前从卡尔塔吉罗内(Caltagirone)小镇的小麦栽培实验站所获得的传统西西里小麦品种种植到自己的农场里。

从最初的三个品种开始,在几年内不仅扩大了农场的生产,还建立了整条生产链,从面粉到意大利面、面包,以及其他农产品,与当地和整个大区的农民形成了一个网络。"一开始他们都认为我疯了,因为每公顷的产量下降了很多。但是不再需要使用化肥和杀虫剂,成本也下降了很多。"他一边走一边向我们介绍田里的作物,这片农场与周围大面积种植单一品种的矮秆小麦的其他农场相比,这些作物很容易辨认。

李·罗西希望回归耕种传统的西西里岛的小麦品种,虽然这有些不符合欧盟的趋势,但他很乐意冒这个险。他决定使用当地的种子,但是欧洲的农业补贴只给那些选择种植国家登记册上的品种的农民[①],而这个名单上完全没有传统的西西里岛小麦品种。他最终在田里种植了三种古老小麦:两种硬小麦和一种软小麦,分别是 Timilia 小麦、Farro lungo 小麦以及 Maiorca 小麦。他用了几年的时间才攒够足量的种子,并最终成功实现了自己的目标。他在自家的农场耕种了 100 公顷的西西里小麦,并与其他 35 家公司达成协议,在整个西西里岛耕种了 500 多公顷。

李·罗西也喜欢在田间做研究,多年来一直在播种数千个品种的混合物,遵循进化改良的方法。他仔细监测结果,并与意大利的乡村种子网络、卡塔尼亚大学和我们的下一个目的地

---

① 立法问题和品种登记的管理将在本书第四章关于法国和第八章关于南非的章节中详细讨论。

第一章 意大利 田间的多样性：实验与创新

卡尔塔吉罗内实验站合作进行分析和评估。

因此，我们踏上了前往西西里岛拉古萨（Ragusa）的旅程，沿途穿过成片的仙人掌果、柑橘园和农田，然后抵达了圣皮耶罗（San Pietro）。我们所在的小型自然保护区，距离卡尔塔吉罗内镇约 20 千米。

1926 年 6 月至 1927 年 8 月期间，尼古拉·瓦维洛夫在地中海地区组织了一次大型的种子采集考察。他从希腊出发，在那里收集了许多软小麦和硬小麦种子，并描述了南欧和马其顿东部的草原区的典型景观差异。

然后，他经过克里特岛和塞浦路斯，到达西西里岛，在那里他走完了巴勒莫和卡塔尼亚之间的路线，收集了许多当地软小麦和硬小麦种子的样本。瓦维洛夫对研究来自岛屿的种子兴趣很浓，特别是西西里岛和撒丁岛。对他来说，岛屿是一种理想的实验田，可以重建农作物的发展史和进化史，从而也可以重建地中海农业文化的历史。

卡尔塔吉罗内实验站位于一栋一层的浅色石头建筑里，有一个内院和一栋圆柱形塔楼，这里有一些实验室，进行面包制作和面粉密封性测试，以及蛋白质和面筋含量测试与毒理学测试，以检查收获的小麦上是否有霉菌或其他污染物。

负责迎接我们的是尼洛·布兰吉弗迪（Nello Blangiforti），

原名是塞巴斯提亚诺（Sebastiano），他主要负责实验站的种质部。布兰吉弗迪留着黑色长发，看起来不像科学家，倒是更像摇滚歌手，他向我们展示了一套非常独特的设备，这套设备非常像布雷拉画廊或者曼哈顿的美术馆使用的陈列设备。沿着墙壁一字排开的是数以百计的迷你玻璃盒，每个盒子上都有一个名称标志。这样的陈列令人眼前一亮，小粒的、大粒的、长粒的、圆粒的小麦；饱满的麦穗，有芒的、无芒的、浅色的、深色的，组合出不同种类的小麦。还有暗示着地方特色或几个世纪流传下来的使用方言的名字，光是这些名字就像一本关于当地农村历史的论文：Ciciredda、Scorsonera、Girgentana 和 Tripolino（名字的起源带有殖民历史色彩）、Scavuzza 和 Timilia。还有一些品种，如20世纪初在西西里岛从北非谷物中获得的 Bidì 和 Margherito，以及它们的近属 Senatore Cappelli，这一品种由纳扎雷诺·斯特兰佩利于1915年从突尼斯小麦 Jenah Rhetifah 选种而得。①

眼前的这些库藏主要具有教育和展示的功能，但同时也是一座种质资源库。正如布兰吉弗迪所说，这些资源在不断更新复壮，"生物资源必须活态保存，通过在附近的试验田种植，使

---

① 第二次世界大战前，这个品种在意大利各地取得了巨大的成功，战后小麦品种增多后，这个品种的种植者越来越少，但是现在又开始流行起来，鉴于其发展历史，这一品种经常被误称为古小麦。

第一章　意大利　田间的多样性：实验与创新

种子保持活力"。

各地兴起恢复地方品种的热潮，种子收藏便是最好的证明。该实验站成立于 1927 年，是国家和一些地方机构的联合体，在乌戈·德·西利斯管理的整个时期都设在卡塔尼亚，然后直到 20 世纪 60 年代中期，由于经济问题，该站经历了衰退。70 年代中期实验站搬迁到现在的站址，其管理权从国家移交给了西西里大区。

最近几年，布兰吉弗迪和他的同事一直在努力寻找那些只记录在文件中但有可能已经完全从田地中消失的小麦品种。"我们得到的部分种子是由国际性种子库收集保存的。还有一些是农民捐赠的，这些古老品种是他们在自己的农场或者自家田里保留下来的。我们还前往西西里大区的很多农场考察，2000 年年初我们结识了一些年长的农民，在他们的帮助下，我们重新找到了很多已经消失的小麦种子。现在我们收藏的种子数量可观，维护状况良好。我们还建立了一个吸纳许多年轻人在内的农民托管人网络，他们愿意参加保护谷物的工作，他们自己的农场也很配合我们的科研工作。而这些人中有很多都是我们结识的那些长者的后代，他们传承了这些记忆和故事。"

农田里的一天即将结束，我们和布兰吉弗迪一起前往大大小小的地块里采集明年所需的种子。当地人告诉我们，这些种子的需求量很大。布兰吉弗迪也向我们证实了这一说法，西西里岛目前对当地物种非常关注和重视。

2000年之后，农民对种子的需求呈现出缓慢但稳定上升的趋势。然而今天，这一趋势还在进一步增强，实验站的技术和研究人员不得不以不同的方式规划播种，增加数量和地块，以应对需求。布兰吉弗迪还称，这些大多是传统和地方品种，因此主要用于有机农业种植。这些品种的小麦更加粗壮，但产量略低，不需要化肥或除草剂和杀虫剂的投入，因此其种植规模不断扩大。这种产业链有别于以前的模式，不只出现在西西里岛，也出现在其他地区。例如，在撒丁岛西南部的苏尔西斯地区（Sulcis），随着该地矿场的关闭，经济萧条，人口减少，当地一些农民积极应对困境，特别是特雷莎·皮拉斯（Teresa Piras），她创立了马萨伊纳斯友爱之家自我发展实验中心（Centro sperimentazione autosviluppo Domus Amigas di Masainas）。

为保护土地，皮拉斯与该地区的农民托管人和当地居民一起，着手恢复该地区的原始资源。"我们很清楚，我们未来的发展不能再停留在过去的逻辑中，而应该将土地看作有待开发利用的矿区。我们应该走向财富的源头，生产粮食。"

特雷莎·皮拉斯对今天的成果非常满意。她看着那成片的麦田，在风中摇曳的麦穗，说："看到这些我非常高兴，因为起步时我们只有一公斤的种子。当时我们联系了萨萨里大学，那里有一个撒丁岛原产植物的种子库，我们申请与大学合作，将

第一章 意大利 田间的多样性：实验与创新

我们地区的谷物、豆类乃至果树重新纳入种植范围。"

这项工作十分艰巨，因为撒丁岛与西西里岛的情况不同，德·西里斯选择的 50 个品种一直在实验田里种植，采取活态保存，而我们获得的唯一的种子是由种子库保存的。"我们意识到，作为全球公民，我们可以在这个故事中扮演至关重要的角色，"皮拉斯继续说，"我们需要承载本土传统的种子。萨萨里大学赠送给我们几公斤撒丁岛不再种植的作物种子，如 Trigu cossu、Trigu murru、Trigu biancu。然后我们就从那里开始了。"

从西西里岛出发，尼古拉·瓦维洛夫直接踏上了前往西班牙的旅程，那里的收获季节已经到来。当时地中海许多地方的谷穗已经成熟，出于时间的原因，他只好放弃去撒丁岛的打算，并派助手去收集种子样品。1927 年 6 月 1 日，这名助手在撒丁岛至罗马的汽船上，给瓦维洛夫写了一份关于他的收集情况的说明：总共有 260—270 个样品，包括来自 80—100 块田地的 20—25 个不同品种的小麦，白色、红色、黑色等颜色各异。这位年轻的农学家认为，应该特别关注黑麦 Trigo morru，这个品种即使在撒丁岛也很罕见。

就在 85 年之后的 2012 年，圣彼得堡的瓦维洛夫植物遗传资源研究所农学家伊戈尔·洛斯库托夫（Igor Loskutov）与萨萨里大学的研究人员一起从撒丁岛的北部到南部沿着同样的路线收集种子和信息。洛斯库托夫发现，由于"岛上的农业经济收益不佳",农业景观也不尽相同。俄罗斯种子库保存的142种撒丁岛谷物、豆类和其他作物品种,几乎都已经不再种植了。大部分种植的作物都是从岛外进口的,有的来自意大利本土,有的来自法国。田地里作物的颜色大体一致,但种植的大多是饱满均匀的白色硬质小麦。洛斯库托夫写道:"迄今为止,瓦维洛夫的助手收集并储存在俄罗斯种子库的种子是独一无二的标本,在世界其他地方都没有被储存或使用。"

皮拉斯和她所创立的协会付出了很多心血,使瓦维洛夫的助手在20世纪初所记录的那些丰富的小麦特征和种类重新焕发活力。如果洛斯库托夫见到现在的撒丁岛,肯定会作出不同的评论。

撒丁岛的育种项目也是采用参与式育种。经营 Su Treulu Biu 农场的年轻农民托管人塞缪尔·卡波尼(Samuel Carboni)告诉我们,他至少用了3年的时间在不到3公顷的土地上播种古老的品种,然后留种用作下一年使用。因此他才获得了足够的收成,用以生产面粉,制作面包。

卡波尼和一些当地人是第一批将自家农场的一小块土地用于实地试验的。在我们的所有考察旅行中,都遇到过一个非常普遍的问题,即种子繁殖和品种的可用性。因为如果种子只储存在种子库,那么可用的数量就很少,不足以满足农场的需要,即使是家庭经营的小农场也无法满足。

第一章　意大利　田间的多样性：实验与创新

当我们将种子库看作应对灾害的主要工具时，我们应该有一个明确的认识，那便是如果作物因疾病或气候灾害而遭受损失，使用种子库的种子需要许多年才能恢复到足够的产量。这就是农村种子网络（撒丁岛的这些企业也是其成员）正在促进保存种子，并采取活态保存的方式在田间、农场进行繁殖的原因，并始终以社区管理的方式管理种子屋。这两项举措可以使我们有可能在需要时，下一年有足够的种子储备数量，而不必等待三四年才能够满足播种生产需求。

种子库当然非常重要，特雷莎·皮拉斯强调，"但种子也必须在田里，必须恢复农民和土地本身的价值"。因此，在这些感兴趣的人和希望尝试这一途径的农民的推动下，来自萨萨里大学和国家研究委员会食品生产科学研究所的研究人员，以及国际农业科学与技术信息系统地区机构的技术人员开始共同展开工作。

国家研究委员会食品生产科学研究所[①]的研究员盖·德·哈勒文（Guy D'Hallewin）说，他们从种子库取出了几十个品种的梨、苹果和其他当地水果，这些水果在撒丁岛已经多年没有种植了。自然学家老普林尼记录了岛上近40个品种的梨树，仅在18世纪和19世纪的资料记载中就有100多个本地品种。但在20世纪下半叶，为了顺应意大利和欧洲市场的需求，需要优先考

---

① 食品生产科学研究所的总部设在意大利南部的巴里市。

虑更容易运输且不易受损伤的水果，因此梨的品种大幅减少。在当时的背景下，着重追求的是数量、产量和大规模零售业，对所选品种的营养方面并没有给予特别关注。

然而，今天市场需求已经发生了重大变化，人们对食物的营养价值的关注度日益提高。因此，利用农学和生物化学方面的先进技术，可以从产量和适应性以及营养方面研究和评估当地的古老品种。撒丁岛的研究人员对古老的水果品种进行的分析表明，有些品种生命力旺盛，适应性强，确实非常值得关注，而且它们的营养特性远远优于较为现代的栽培品种。

谷物和其他农产品中古老的地方品种对健康的影响这一课题开辟了一个非常值得关注的研究方向。博洛尼亚大学、佛罗伦萨大学和其他研究中心的一些研究成果均表明这些食物对人类健康起着积极的作用。

例如，工业化前的几种小麦与许多现代品种不同，可能对肠道有抗炎作用。我们指的不是完全无法摄取含麸质食品的乳糜泻疾病，而是近年来急剧增长的麸质过敏和麸质不耐受等问题。

现代小麦品种面筋强度较大，是因为工业加工的过程中需要坚韧而有弹性的面粉。而传统品种的面筋韧性较差，因此对我们的肠道黏膜刺激性较小。这几年的初步研究基本上是将当地和传统的品种与现代的品种进行比较，为在这一领域耕作的农民提供了值得关注的理由和决心，但这无疑只是我们迈出的第一步，未来还有很长的路要走。

  我们在意大利四处访问的地方都有一个共同的特点，那就是它们都与当代城市的快节奏生活有着截然不同的理念。那里的农民渴望分享、研究、学习、分析并解决问题，每个人都各有特色，但他们之间也有很多共同点。这就是为什么大多数的实地学习日会被称为工作坊、绿色课程等，课程结束后，他们总是聚在一起吃饭、娱乐、品尝自己制作的食物。越来越多的年轻人随着新民谣音乐的节奏跳起舞来，这样的氛围让人联想到原生态的乡村节日，唯一不同的是大家在罗萨里奥农场里，而不是在撒丁岛或翁布里亚山区里。正是这些年轻人在建立着一种新的机制，打造工作与生活平衡，创造健康安全的生活环境。

第二章

伊　朗

小麦的起源地

第二章 伊朗 小麦的起源地

没有沙子，没有沙丘，也没有骆驼，只有一大片干硬的土地沿着道路两侧延伸，路旁点缀着低矮的灌木丛。沿途的风景略显单调，间或出现几个村庄或小镇。早上开车向东行驶，太阳打在我们的脸上，所以很难从远处分辨出那些村庄和小镇，并且房屋和建筑物也随着时间的推移与周围沙漠风貌融为一体，显得更加难以辨认。如果没有在途中遇见一些车辆和行人，感觉仿佛置身于《星球大战》里的塔图因沙漠星球上。而这一刻我们正朝着伊朗东北部塞姆南省的加姆萨尔（Garmsar）行驶。

我们行驶在前往马什哈德市的路上，它是通往土库曼斯坦和阿富汗北部的门户，是古代连接欧洲与中亚和中国的纽带之一，也是古代丝绸之路的一个分支。我们的右边是位于南部和西南部的伊朗高原，几乎一直延伸到阿拉伯海和波斯湾。左边是位于北部的埃尔伯兹山脉，其中许多高度超过4000米的山峰在伊朗中北部和里海之间形成了一道天然屏障。前方是历史悠久的大呼罗珊，是中亚历史上的一个地区，不仅包括现在的伊朗东北部的呼罗珊，还包括阿富汗、土库曼斯坦和塔吉克斯坦的部分地区。

你如果用谷歌地图查看这个地区，所有东西都是赭石色和沙子的颜色，与山脉和海岸线的颜色形成鲜明对比。然而，伊朗沙漠的颜色与撒哈拉或阿拉伯半岛的颜色大不相同，它的颜色较深，且不均匀。当你放大画面看时，从汽车上看到的那些单调的景观将不复存在，取而代之的是村庄和城市。

一块块矩形田块从山脚下向上呈扇形规则排列着，使郊区的山地轮廓更具特色。这里自古以来就是农民耕种的土地。大约 1 万年前，从今天的利比亚延伸到波斯湾海岸的新月形肥沃地带诞生了农业。而我们来到这里就是为了寻找栽培作物的起源。

我们在加姆萨尔见到了农民企业家艾哈迈德·塔赫里（Ahmad Taheri），他既传承了传统文化和农业知识，又有创新、改变和改良精神。

到达这个地方并非易事。通常，如果我们要去没有公共交通设施的地方，会租一辆出租车，告诉司机地址，然后根据距离支付适当的费用（有时可以议价），之后在相应合理的时间内抵达目的地。然而，在这里却完全不合乎逻辑。德黑兰是一座拥有 800 多万居民、交通非常拥堵的现代化大都市，这里的司机有他们自己的工作模式。

第二章　伊朗　小麦的起源地

每家出租车公司或集团只在一个特定的地区工作。举例来说，如果你想去城市丘陵地段的一家餐馆，需要先找到一个司机把你带到该地区的出租车站，然后在那里搭乘另外一辆出租车前往目的地。这种模式就像是一场接力赛，出租车也需要遵守公共交通网络的运行规则，有换乘站和主要路线。因此除了要面对交通堵塞和返程漫长或无法返程的情况，还需要认识所有路线，有的小路很窄且没有路牌标志，再加上城内各地区海拔高度不一，狭窄的山谷和陡峭的山峰使道路更加险要。

如果我们想去城外的话，还有一个额外的步骤。搭乘城市出租车只能去东南郊区，那里有一个大型的中央中转站，所以我们需要从一辆车换乘到另一辆车。此外，每一次换车后都得与司机进行激烈的讨价还价，所以在我们几个欧洲人眼里，前往加姆萨尔的旅程更像一场冒险。幸运的是，我们有一个伊朗的同事给我们当向导和翻译，一切都进行得很顺利。

回望历史，1916年去伊朗绝对不是一个明智的选择。那两年，欧洲一直被一场大规模的陆地战争所蹂躏，从法国北部到高加索的所有战线上都在打仗，没有一个国家能够幸免。俄国处于动荡之中，在各种革命力量的推动下，1917年的十月革命达到了顶峰，并促成了苏联的诞生。然而1916年，沙皇尼古拉二世仍然掌权，他的军队，特别是哥萨克人占领了波斯的北部地区，而英国人则控制了南部地区，并与德国人争夺现在的伊拉克。因国内局势而摇摇欲坠的俄国袖手旁观，希望利用英德对抗的机会，在波斯湾这样的战略地区抢夺一块领土。随着石油经济的兴起，该地区在未来将会扮演更重要的角色。

那么，谁能知道在1916年5月的一天，尼古拉·瓦维洛夫的汽车司机出现在家里，瓦维洛夫说他要踏上收集波斯所有作物并建立一个种子库的旅程时，他的家人有多么震撼。在那个已经入夏的5月，他的一个表弟伊帕特耶夫记得他看起来很优雅，穿着乳白色的夏装，戴着一顶浅色的联邦帽，这也是这位遗传学家外出考察时的标志造型。

伊朗位于肥沃的新月地带，见证了农业的诞生。那么，是什么让瓦维洛夫在29岁时有机会前往这里考察呢？是一种在伊朗边境的俄国军队所患的疾病，士兵们吃完饭后，会像喝醉一般产生幻觉。俄国政府要求瓦维洛夫调查并解开这一谜团。到达波斯土地上的第一个前哨，瓦维洛夫立即意识到，问题在于制作口粮的面粉。这种作物被禾谷镰刀菌（Fusarium graminearum）所侵染，这种真菌对人类的影响相当于LSD致幻剂。在那段时间里，这种醉酒的症状被人们称为"面包醉"。

这种情况类似于麦角菌（Claviceps purpurea）所引起的中毒，麦角菌还曾是欧洲中世纪一系列神秘事件的罪魁祸首。许多妇女使用被麦角菌感染的谷物制成面包，人食用后会导致神志不清，有时甚至会死亡。瓦维洛夫立即明白了事情的缘由，

第二章 伊朗 小麦的起源地

并巧妙地解决了镰刀菌中毒的问题,指导后勤部使用质量更好且未被污染的面粉。瓦维洛夫在比预期更短的时间内完成了他被派往波斯的官方任务后,终于能够全身心地投入到这次考察的真正目的,即收集种子和谷物。因此,跟我们现在的路线一样,他出发向东,来到将德黑兰地区与伊朗东北部分开的沙漠地带。瓦维洛夫考察时注意到这个国家呈现出的巨大的环境多样性。"伊朗四面环山,境内有大片沙漠,农业的发展只能依靠灌溉。伊朗北部靠近里海,空气中的水汽含量比较高,由于湿度很大,植被茂密。伊朗北部分布有呼罗珊山脉和海拔 5600 米的达马万德山,封闭的地形使北部的湿润水汽难以进入伊朗陆地内部。伊朗北部为落叶阔叶林区,果树种类丰富,气候温和,是适合柑橘类水果生长的亚热带气候。位于马赞德兰省的阿什拉夫市,一直以其橘子园闻名。"从瓦维洛夫日记中可以看出,他的眼前是一道美丽而多彩的风景,然而他是以带着具体考察目标的眼光来审视眼前的风景的。在那个 1916 年,仍有很长的路要走。

从外面看,艾哈迈德·塔赫里的房子平平无奇,饱经风吹日晒的外墙与一条尘土飞扬的街道相邻。塔赫里和妻子玛丽亚姆、两个跟他一起劳作的儿子在阴凉的小院子门口迎接我们。我们到了以后,他急匆匆地安排了车辆,然后就去参观他的麦田。他的麦田离主路不远,就在小城的北边。

现在交通比较拥堵，主要是卡车很多。尽管现在还只是6月初，但太阳已经达到天空中最高点，热辣辣地照射着。我们走进麦田，塔赫里自豪地看着麦穗，抚摸着它们，仔细观察着麦穗的成熟度和发育状况，品尝着小麦的质量。

这片麦田与周围所有的田地都不一样，也不像这个地区的其他田地。这里没有种植种子站或者伊朗政府力推的常规品种。在过去十年左右的时间里，塔赫里选择重新种植地方品种，并尝试对其进行改良，以找到更适合当地气候的品种，因为这里的气候已经出现了深刻的变化迹象。他一边把麦穗塞进塑料袋里，一边告诉我们："我们意识到，反对工业化农业的斗争与恢复土地肥力同样重要。"

塔赫里是一个有魅力、温和且很有谋略的人，从一开始他就清楚，至少需要在两个层面上采取行动。他与一小群农民分享了自己的想法，与他们一起踏上了这条有点非正统的道路，并成为他们的向导。首先是不使用商业化的品种进行单一耕作，以避免造成土壤贫瘠，而且商业化的品种越来越需要更多的化学投入才能在这些地区茁壮成长。其次是文化层面。这里是农业的诞生地，种植在这里的谷物为什么要使用外地的商业化品种，而不使用地方品种呢？

分析伊朗的历史背景可以帮助我们更好地了解该地过去几十年的农业发展情况。可持续环境发展中心（Cenesta）的主席

第二章 伊朗 小麦的起源地

卡迪杰·凯瑟琳·拉扎维（Khadijeh Catherine Razavi）向我们介绍了伊朗农业的发展历程。可持续环境发展中心是40年前在伊朗成立的第一批非政府组织之一，其创立目标之一就是支持伊朗各地像艾哈迈德·塔赫里这样的农民，帮助建立网络平台，以便他们能够互相交流信息和技术。

与其他非政府组织相比，可持续环境发展中心具备坚实的科学专业知识，其合作者主要是农业生态学家、农村发展专家、与原住民社区合作的社会科学家以及环境和农村法律问题的专家。

不久前，伊朗还是一个经济富裕的国家。几十年来伊朗一直坚持工业化农业发展路径，通过使用商业化的品种和大量的化学投入来提高产量。国际禁运的制裁，"政府分发的种子质量逐渐下滑，所以今天农民收到的种子质量并不理想"，拉扎维在德黑兰的新办公室向我们说道。

禁运制裁迫使伊朗只能使用国内资源来满足其不断增长的人口的需求。拉扎维以一种柔和、带着法语口音的英语向我们解释道，问题在于"国营的实验性农业研究站无法培育出适合伊朗不同气候和土壤的优质品种。伊朗气候种类多样，研究站选育的品种无法适应所有地区"。

1916年瓦维洛夫想要收集的小麦品种santo graal是他在三年前就从一些西方种子公司销售的品种中发现的一个品种。在他看来，这个品种的一系列特征也许可以对培育出更适合俄国气候特点的新杂交品种具有决定性意义。瓦维洛夫将这个脱颖而出的品种命名为波斯小麦 Triticum persicum，因为他从分析中推断，其起源中心一定是波斯，或者至少是位于今天的格鲁吉亚、伊朗和帕米尔高原（今天的土库曼斯坦和阿富汗之间）之间的农业诞生之地。

波斯小麦之所以引起高度关注，是因为当时的农业还未引进化学工业技术，而波斯小麦展现出对某些虫害具有较强的抵抗力。瓦维洛夫和他的一些合作者的比较研究表明，这个品种的小麦对白粉菌（Erysiphe graminis）几乎免疫。白粉菌是一种真菌，其俗名为白粉病，是导致"白斑病"或"白化病"等植物病害的原因。白粉病主要发生在植物叶片上，受害叶片被白色粉状霉层覆盖，致使其他病菌侵入。

20世纪初期，植物免疫系统的起源在行业内引发了巨大的争论。作为达尔文的忠实拥护者，瓦维洛夫确信，植物的地理分布起着决定性的作用。因此，在他看来，研究某一特定品种的原产地意味着更加接近其特性的基因来源，从而能够利用该品种培育出新的优良杂交品种。

瓦维洛夫有着强大的洞察力，他认为确定栽培植物的起源中心，就有可能找到同一物种变化最大的地区，这些物种存在于成千上万的不同品种之中。简而言之，起源中心也是天然的

第二章 伊朗 小麦的起源地

基因库,集中蕴藏着栽培植物的祖先或者野生近缘种。

瓦维洛夫在他的著作《栽培植物的起源》中明确提出了这一观点,其中记录了波斯小麦在世界不同地区种植的生长情况:"1913 年我们发现的波斯小麦几乎可以完全抵抗白粉病,在日本、英国、美国和加拿大,无论是在田间还是在温室中都表现出了同样的抵抗性。"

但随着第一次世界大战的持续进行,收集波斯小麦以及其他可能呈现新特性的谷物变得十分复杂。瓦维洛夫在当地导游的陪同下在伊朗考察时,于马什哈德附近的偏远沙漠地区被俄国军队发现。我们不难想象,看到一个受过良好教育、衣着光鲜的人在这样一个荒芜之地,用英语做笔记,带着一捆外国书籍东奔西走,对于军方来说,是多么令人费解。有一次,瓦维洛夫在检查站被拦下,虽然他慷慨地给出了 1000 卢布的小费,但最终还是被拘留,并因被怀疑是德国间谍而被捕。在第一次世界大战的高峰期,军方并不认可这只是一次收集植物标本的科学考察。相反,植物标本馆和种子本身就使整个事情变得非常可疑。被拘留三天后,莫斯科军事指挥部的一封电报拯救了瓦维洛夫。

伊朗国土面积较大,人口约 8000 万,主要居住在北部陡峭、寒冷的山区,中部的沙漠高原和南部沿海潮湿的亚热带地区。自 1979 年伊斯兰革命以后,伊朗伊斯兰共和国政府认为只要给农民提供大量的种子、化肥和杀虫剂，就可以在任何地区生产粮食。所有将农业生产等同于工业生产的人都抱有这样的幻想，他们笃定只要有足够的投入就能达到预期的目标。

这场工业化的农业革命的确大幅提高了 20 世纪 60 年代和 70 年代的粮食产量，不仅使伊朗人吃饱饭，还产生了一定的经济效益。在国家和全球利益的驱动下，这一发展举措是许多国家曾经推行或仍在推行的，却未曾考虑到自然资源的稀缺性、不可持续的成本和工业化农业过程中对环境造成的巨大影响。

这种模式本身也有很多局限性，特别是在恶劣的气候条件或缺乏巨大的经济资源和能源的情况下，也有可能是灾难性的。例如，这里是农业的摇篮，工业化农业在十多年前就显示出了它的各种局限性，包括粮食产量下降和土壤侵蚀严重的问题。因此，像可持续环境发展中心和塔赫里这样的农民都在试图扭转这种情况。卡迪杰·凯瑟琳·拉扎维强调说："我们需要重获因农业改革而失去的身份，提升本地资源的价值。"艾哈迈德·塔赫里不禁想起一句充满智慧的格言并说道："一位伟大的伊朗诗人曾经说过，我们习惯于向他人索取我们已经拥有的东西。尽管许多国家的经济、气候或文化与伊朗几乎没有相似之处，但我们还是尝试向他们寻求解决问题的方案。几年前，我们种植了得克萨斯州的品种，但结果证明该品种并不适合，第

第二章 伊朗 小麦的起源地

二年颗粒无收。"

在可持续环境发展中心和塔赫里的研究过程中,有一位意大利农学家无疑发挥了核心作用,他就是我们在意大利采访过的萨尔瓦托雷·塞卡雷利(Salvatore Ceccarelli)。在叙利亚工作和生活期间,塞卡雷利考察了许多周边国家。在中东最干旱地区的实地考察中,他还重点考察了伊朗,并与可持续环境发展中心的育种人员和农民携手合作。他提出的参与式育种农业技术在伊朗获得了巨大的发展空间。今天,许多农业发展计划,特别是在加姆萨尔这样的干旱地区,都受到塞卡雷利和瓦维洛夫的科学工作的启发。或者说,塞卡雷利和可持续环境发展中心只是推动了恢复和改进这些地区的农民依照本能所进行的试验,并为他们提供了科学依据。

1916年,尼古拉·瓦维洛夫还没打开行李就又上路了,8月回到俄国,9月就到了中亚。理论上说,这是他上一次伊朗之行的延续。这次考察的地区位于东部和帕米尔高原,面积较大,是现在被阿富汗、土库曼斯坦、塔吉克斯坦和吉尔吉斯斯坦所分割的山区。据估计,当时有3万名农民在高海拔地区从事自给自足的农业生产活动。

瓦维洛夫在他的记述中写道,远征帕米尔的目的是"收集早熟农作物的样本","这对俄国北方省份来说非常必要"。这个地区平均海拔超过2000米,生长季节短,因此瓦维洛夫希望能够找到比传统品种更早成熟的作物品种，例如比地中海地区的典型谷物成熟较早的波斯小麦。

吉尔吉斯斯坦处于革命的动荡之中，导致实地考察十分困难。此外，第一场雪封锁了山路，使得行动变得更加困难。瓦维洛夫向沿途国家出示了俄国政府机构的官方信函，这在一定程度上缓解了考察的各种困难问题。

考察队进入帕米尔地区以后，开始时似乎没有什么困难，因为该地区的植物和动物种类繁多，可以说是热点地区。90年后，美国生物学家加里·保罗·纳汉（Gary Paul Nabhan）[①]追随瓦维洛夫的脚步考察这里，他统计了5500种植物，其中至少有1500种是地方品种，还有143种哺乳动物和近500种鸟类，所以瓦维洛夫把这里称为生物多样性的起源中心也不足为奇。

对瓦维洛夫来说，帕米尔的地形如同一间自然实验室，山谷和山脉将整个地区与相邻地区隔开，更有利于谷物和其他农作物的驯化。几千年来，经过人类居民的不断择优选良，积累起各式作物品种。虽然这是一种"原始"模式，但在满足生存需要的同时，也在历史的进程中促进了理论和技术的发展。瓦维洛夫注意到，在同一片田里，不种植单一的某个品种，而是

---

① 加里·保罗·纳汉在《我们的食物来自何处：追溯尼古拉·瓦维洛夫对终止饥荒的探索》中记录了他的旅行和考察结果。（出版社：Island-Press/Shearwater Books，出版日期：2009。）

第二章 伊朗 小麦的起源地

混合种植不同的品种,其作物的成熟期较早,其他田里的作物成熟期则较晚,这种混合种植的方式产量小,但从长期来看产量会增加。当地农民利用短暂的生长季节来最大限度地提高产量。

瓦维洛夫认为,种植作物的不同海拔区域是值得研究的核心问题,他致力于寻找能够在气候寒冷、季节短的地区表现良好的品种。在某种程度上,帕米尔农民已经积累了许多实验成果,1916年的初冬,瓦维洛夫确信他会在这片土地上发现这些成果。大约在一个世纪之后,纳汉考察同一地区时,偶然地发现了一个沿着一条山路向上绵延的狭长果园。那是一种垂直梯田式的果园,种满了水果植物,特别是黑莓和杏这两种当地饮食文化的重要食材。之后,纳汉遇到了负责管理梯田的两个农民,并向他们询问此事。他们向他解释说,由于气候变化,生长在原有海拔高度上的黑莓丛和杏树产量下降。因此,他们将果园设在远离村庄且海拔较高的地方,如同实验室一样监测这两种植物在多高的海拔高度上能够再次获得最佳产量,以满足家庭的需求。瓦维洛夫的考察试验对育种和改变世界农业文明景观作出卓越贡献,一个世纪之后,这里又掀起一股实验浪潮。瓦维洛夫认为的那种非系统性的"隐性"知识从某种程度上来说得到成功的阐释。

——

梅德·萨利米（Maedeh Salimi）是一位年轻的生物学家，有着一双黑亮的大眼睛，也是非政府组织可持续环境发展中心参与式遗传改良项目的协调员。萨利米和我们一起朝着塔赫里的田地方向走去，她说，德黑兰推行强加种植单一作物的政策，使一些农民陷入困境。此外，她还说道："大部分地方品种已经很少有人种植了，如今还在种植的也就只有几种而已。"

自2006年以来，可持续环境发展中心致力于在伊朗全国17个地区的社区中传播回归地方品种的理念，并让100多名农民加入到参与式遗传改良的项目中。

近年来，伊朗农民在寻找具有产量优势和更能适应寒冷气候的性状和品种方面进行了两种试验，这也证实了他们旨在找出更多创新的解决方案的意愿。除了塞卡雷利提出的培育抗旱品种的试验之外，农民也尝试了进化式遗传改良方法。他们在同一块土地上种植许多不同的品种。通过这种方法，正如我们在意大利的田地里所看到的那样，他们获得了一定数量的种子储备，其每一代都有不同的特征，可以更好地适应当地有时极端的气候条件。

塔赫里生活在夏季炎热、降水稀少的半沙漠地区，他需要"能更好地适应高温和盐碱地的品种"。他已经锁定了几个更适合克尔曼沙阿地区的品种，这个地区的山脉顺着伊拉克边境

第二章 伊朗 小麦的起源地

延伸，位于伊拉克库尔德斯坦地区以南。塔赫里说："其他品种仍旧适合种植在这里，也适合伊朗南部地区。"这种知识的流动性将当地需求与不同地区的经验和知识进行最佳结合，这也是可持续环境发展中心长期以来建立的网络的优势之一。农民这一群体被规模化和集约化的生产方式边缘化，他们在艰苦挣扎中求存。无论是培育适合当地土壤条件的种子还是面对气候变化，单靠农民自己是无法克服的，但是他们通过合作和网络找到了潜在的解决方案。

我们在艾哈迈德·塔赫里的院子里继续聊着，浓荫蔽日，气温接近 50℃。伊朗人不可一日无茶，而且每天喝茶的次数也多得惊人。我们坐在大垫子上，品着茶，享用玛丽亚姆准备的食物，这是一种用藏红花、石榴、蔬菜和鸡肉做成的可口米饭。玛丽亚姆是新农村活动主义运动背后的重要人物之一。多年来，她一直是国际农民网络的成员，她与丈夫一起参加了在法国、欧洲其他国家以及印度等地举行的会议，讨论小农户群体共同关注的问题，包括种子的供应，但也着眼于寻找新的经济发展模式，让农民在温饱有余的同时，可以过上体面而有尊严的生活。玛丽亚姆和许多人都已经意识到要做到这一点，不能只停留在田地里，而是要有所超越。比如控制一部分的产业链，生产城市所需的面包等商品。而就在一次会面中，发生了一件非同寻常的事情。法国面包师让·弗朗索瓦·贝尔特洛

（Jean-François Berthellot）赠给玛丽亚姆和塔赫里一些呼罗珊（Khorasan）小麦的种子。

呼罗珊小麦，顾名思义，原产于呼罗珊地区，但已经很久没有人种植这个品种了，像塔赫里这样的农民甚至已经没有这个品种的种子了。我们在法国的实地考察中遇到了贝尔特洛[①]，他从法国农民手里收集了大量的古老小麦种子。种子收集后种植到田里，然后收获更多的小麦种子。因此，他遇到玛丽亚姆时，与她分享了这段故事。呼罗珊这个名字可能不是尽人皆知，但呼罗珊是近年来在商业上取得巨大成功的谷物之一。呼罗珊的麦粒远大于小麦的平均水平，是由两个美国农民鲍勃·奎因（Bob Quinn）和麦克·奎因（Mack Quinn）在20世纪70年代末发现的。鲍勃在此期间开发出一种培育呼罗珊并从中获得不同产品的方法，并于1990年申请了专利。现在你肯定已经猜到了。是的，我们说的就是卡姆特（Kamut）©小麦，它是有机谷物界的超级明星，是传统资源的重新发现和改进与高度成功的市场运作相结合的完美产物，它的成功遵循了当代市场的发展逻辑。

今天，如果你想种植Kamut©品牌小麦，需要向鲍勃支付专利费，并严格按照他的方法种植。因此，意大利、法国乃至伊

[①] 参见第4章，让-弗朗索瓦·贝尔特罗（Jean-François Berthellot）将带领我们了解当地小麦和地方品种的烘焙世界。

第二章 伊朗 小麦的起源地

朗的许多农民选择种植呼罗珊小麦,但使用它原来的名字,从而摆脱这项专利的限制,因为对他们中的一些人来说,这项专利根本就不应该存在。

如果谈到产业链,也可以想象一下这些谷物在其他方面的用途。塔赫里的邻居和朋友穆罕默德·侯赛尼(Mohammad Hosseini)已经独自经营养殖场五年了,养殖场使用的谷物就是来自当地的农民。尤其是小黑麦富含蛋白质,非常适合喂养用于繁殖和出售的羔羊和绵羊。侯赛尼告诉我们,近年来,他已经繁殖并出售了 250 多只,他用这些谷物饲养动物比用大麦或商业饲料效果更好。但艾哈迈德·塔赫里的小麦最重要的出路之一是烘焙面包。

接近傍晚时分,温度稍微下降,我们回到车上,驱车前往不远处的小城伊万基(Eyvanekey)。塔赫里小组的农民与一个当地组织一起在那里开了一家传统烤馕店。我们到达时,正好看到妇女们在烤制最后一批馕。伊朗的烤馕不是圆滚滚的,而是扁平的,更像弗卡夏或皮亚达,大多是长方形或者圆形的。烤馕在面板上擀开,然后滑到一块旋转的铁板上,转进烤箱。烤馕味道很香,几个小时后仍香脆可口,存放一段时间后才会变硬。这种优质烤馕的需求越来越大,以至烤馕店的妇女不得不每天烘烤两次。如果说烤馕店会面临什么限制的话,那就是塔赫里和农民们能提供的面粉数量。

我们采访了经理纳吉米·德赫纳维（Najimeh Dehnavi），她说话的速度很快，她告诉我们她和同事是如何到田里挑选最适合制作烤馕的麦穗和品种的。他们希望有更多的小麦供应，以便增加烤馕数量。据德赫纳维说，政府提供的面粉质量不好，做出来的馕很差，没有什么营养和味道。人们发现德赫纳维和其他烤馕店烤制的馕有所不同，且更有营养。所以他们店的需求量一直在增加，有时甚至经常要上两班，晚上也要工作。伊朗的其他城市也开设了这种烤馕店，而且通常都选择使用本地农民生产的面粉。德赫纳维一边给我们打包回程吃的烤馕，一边告诉我们，创新的另一个要素是通过烤馕店解放女性。很多妇女在这里工作，她自己也作为经理在管理着店铺，而她过去就像其他很多尤其是农村地区的、没有什么工作机会的妇女一样，一直待在家里照顾家人。

"我认为这就是未来的答案。"卡迪杰·凯瑟琳·拉扎维带着这个信念，将自己大部分时间都致力于发展这样的项目。"我们每年都会经历气候变化带来的日益严重的影响，如极端干旱和缺水。不幸的是，种子系统正在向单一栽培方向推进，这将导致生物多样性和遗传资源多样性的丧失。"这可能只是拉扎维多次为这项伟大的事业进行宣传时发表的一段讲话内容，但从她眼中闪耀的光芒可以看出，她并没有失去一丝一毫的信念。虽然伊朗受到禁运制裁，但是仍能保持经济快速增长的势头。

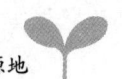

然而，根据 2015 年世界银行的数据，1/4 的伊朗人生活在农村，这意味着他们很可能是农民。拉扎维说，如果不解决气候变化问题，不选择可持续的农业发展方式，整个伊朗都会受到影响。"世界贸易意在控制所有种子，至少我是这样认为的，这是非常可悲的，但种子主权比粮食安全更重要。"

第三章

埃塞俄比亚

种子库和田间保存种子是粮食安全的关键

第三章　埃塞俄比亚　种子库和田间保存种子是粮食安全的关键

1985年7月13日，7万多人挤满了伦敦的温布利体育场，10万人挤满了费城的约翰·肯尼迪体育场。除此之外，还有近20亿观众也在150个国家的电视机前观看了现场直播。对许多人来说，Live Aid（拯救生命慈善演唱会）是人类历史上规模最大的摇滚演唱会。Live Aid 的核心发起人是爱尔兰朋克乐队新城之鼠（Boomtown Rats）的主唱鲍勃·盖尔多夫（Bob Geldof）以及超声波乐队（Ultravox）的主音歌手米奇·尤尔（Midge Ure）。

与以往的演唱会不同，这场演唱会是一场轰动全球的大型慈善演唱会。在演唱会的前几天和演出期间，盖尔多夫在镜头面前呼吁大家"今晚别去酒吧了"和"你们快给我们捐钱吧，来拯救那些饱受饥饿的人们"。

这场演唱会的前一年，非洲之角由于旷日持久的严重干旱爆发大饥荒。农作物减少，数百万人被迫逃离家园寻找食物。露宿街头的人们住在城市周边地区的难民营里，靠国际援助维持生活。

埃塞俄比亚是非洲人口大国，受灾最为严重。根据《非洲观察》的估计，1984—1985 年，埃塞俄比亚遭受饥荒的人数将近 60 万①，国内流离失所的人数达到 250 万。据地方当局称，仅在这两年，首都亚的斯亚贝巴的人口就增加了约 100 万，使原本生活在贫民窟的居民队伍更加壮大。

埃塞俄比亚的危机给西方人带来深深的震撼。英国广播公司（BBC）在全球范围内报道了埃塞俄比亚遭受饥荒的电视新闻，画面上的孩子们很瘦弱，脸上落满了苍蝇，眼里透着悲伤。这些画面一度成为贫困和营养不良的象征。社会分配不公，矛盾突出，很多人死于饥饿，而西方却空前富足繁荣。因此，深受触动的盖尔多夫和尤尔决心发动音乐的力量，并最终筹集到 1.5 亿多英镑的救灾资金。

但是关于拯救生命演唱会的善款去向，事后也备受争议。一些记者调查声称，当时统治埃塞俄比亚的社会主义埃塞俄比亚临时军政府——通称德尔格（阿姆哈拉语，意为"委员会"）挪用了一部分资金用来购买武器。然而，近年来，这些指控因缺乏证据而被撤销，BBC 甚至公开向盖尔多夫道歉。

临时军政府领导人门格斯图·海尔·马里亚姆（Minghistu Haile Mariam）推行的政策加剧了 1984—1985 年干旱引起的负面影响，这是无可争辩的事实。1972—1974 年的大饥荒造成 10 万

---

① 受灾人数的统计数据并不统一。根据灾害流行病学研究中心 2011 年发表的一篇论文，受灾人数为 30 万，但仍然是个非常惊人的数字。

第三章 埃塞俄比亚 种子库和田间保存种子是粮食安全的关键

至 25 万人死亡，为独裁政权上台提供了契机。然而，在随后的十年里，本可以遏制严重干旱造成的危机的结构性改革却从未得到实施。埃塞俄比亚是地球上最贫穷的国家之一，因缺乏社会保障和支持性政策，大多数人无法获取足够的食物。埃塞俄比亚是一个封闭的内陆国家，在临时军政府的控制下，更是处于一种与世隔绝的封闭状态。这里贫穷荒凉，儿童营养不良，成长为青少年然后步入成年是少数人的奢侈。

即使在今天，每当提及埃塞俄比亚，人们脑海中还会浮现出 1984—1985 年难民营中孩子的身影，尤其是那些年龄稍长的人更是记得那震撼的画面。在西方人眼中埃塞俄比亚是一个贫困、落后的国家，人们忍饥挨饿。

至今埃塞俄比亚的粮食问题仍然存在，但自 1991 年德尔格政权倒台以及与厄立特里亚的战争结束以来，埃塞俄比亚开始悄悄地发生变化。然而，1998 年埃塞俄比亚政府与厄立特里亚因边界冲突爆发战争，埃塞俄比亚发展进程再次陷入僵局。当事两国在这场血腥的战争中承受了大量的人员伤亡，国际形象跌入谷底。2018 年，这一切终于有了转机。埃塞俄比亚总理阿比·艾哈迈德·阿里（在次年被授予诺贝尔和平奖）与厄立特里亚总统伊萨亚斯·阿费沃基密切合作并签署了和平协议，结束了两国之间的长期僵局。

尽管事先做了很多研究工作，但是当我们走进埃塞俄比亚时，展现在我们眼前的现实与之前的刻板印象仍旧大相径庭。

"这个研究所成立于 1976 年，从那时起就开始收集全国各地的谷物和其他农作物"，盖梅多·达勒（Gemedo Dalle）向我们介绍道，他当时是亚的斯亚贝巴的埃塞俄比亚生物多样性研究所的所长。2016—2018 年对于埃塞俄比亚政局来说是非常关键和具有转折性意义的阶段，在阿比·艾哈迈德出任总理之前，达勒在海尔·马里亚姆·德萨莱尼领导的政府中曾担任环境、林业与气候变化部部长。因此，他的观点不仅是从科学角度的表述，也是一种从政治角度解决困扰埃塞俄比亚人民具体问题的分析。

研究所位于一座似乎与周围环境格格不入的建筑中。它的外观与当地传统建筑毫无关联，仿佛来自 20 世纪 70 年代科幻电视剧《太空传奇 1999》中的宇宙飞船，混凝土和玻璃，与绿色的植被和红色的土壤形成鲜明对比。

研究所的成立见证了一个不同的时代。当时埃塞俄比亚德尔格政府刚刚成立，该项目的主要资助者是联邦德国。研究所现今仍由德国政府提供部分资金，是埃塞俄比亚用于抗击饥饿和确保人口粮食安全的主要工具之一。

达勒是一位农学家和遗传学家，曾在德国接受教育，他试图将两种不同的方法结合起来，以达成确保 1 亿多埃塞俄比亚人有足够的食物这一目标。达勒通过掌握的科学知识和国际关

第三章　埃塞俄比亚　种子库和田间保存种子是粮食安全的关键

系,试图将农学和生物多样性保护领域的最佳研究成果带入研究所。尽管他是一个着装优雅的西方人,但他对农村地区选择符合自己的发展模式的文化和农学价值有着深入的理解。

种子,毫无疑问是这一切的重中之重。埃塞俄比亚是世界上最重要的生物多样性中心之一,植物种类繁多,特别是在谷类方面。达勒解释说:"埃塞俄比亚总体上是一个生物多样性热点区域之一。在农业遗传资源方面更是如此。我们意识到这一点,而且明白生物多样性对国民经济和生存的重要性,粮食安全与之息息相关。"

我们喝着埃塞俄比亚咖啡畅聊许久之后离开了达勒的办公室,来到大楼的另一翼,那里是保存种子的地方。我们的向导是该研究所种子库的科学协调员哈戈斯·吉迪(Hagos Gidey)。吉迪身材高大,头发卷曲,留着灰白的胡子。他脸型偏长,穿得比所长随意一些,身着米色的运动夹克就像穿越而来的印第安纳·琼斯,胳膊下总是夹着一沓文件。

吉迪向我们介绍道:"这些种子是由我们的通讯员和合作者在全国不同地区收集的,然后运到这里,经过健康状况评估,最后进行编目和保存。"他英语说得不错,带有一点儿埃塞俄比亚北部人那种干涩、喉音很重的口音。

研究所成立 40 年来,收集了大量的标本和种子。现今不同的个体采集标本达到 7.5 万多份。它是整个非洲大陆最重要的作物种质资源库，也是非洲第一个种子库。

　　走向实验室时，我们被挂在墙上的一张巨幅的黑白照片所吸引。这张照片拍摄于20世纪，照片中的两个男人在出席一次官方会议。一位是尼古拉·瓦维洛夫，戴着他那十分讲究的联邦帽；另一位是年轻的埃塞俄比亚人拉斯·塔法里·马康南。

　　拉斯这个词表示一种贵族头衔，在埃塞俄比亚传统的等级制度中，大致相当于公爵的地位。1926年，在拍摄照片时，拉斯·塔法里·马康南担任埃塞俄比亚摄政王，与这位俄罗斯旅行者见面更多是出于外交考虑。这段插曲不过是历史的一个脚注，但对研究所来说，瓦维洛夫和1930年加冕为皇帝的海尔·塞拉西一世的照片却是值得骄傲的。

　　1926年12月27日，尼古拉·瓦维洛夫乘坐一艘汽船抵达法国殖民地吉布提，然后继续乘火车旅行，在亚的斯亚贝巴下船，在那里他见到了埃塞俄比亚皇帝梅内利克二世和拉斯·塔法里·马康南。当时，还没有苏联公民踏入埃塞俄比亚。在讨论小麦和农业，以及俄国革命时，瓦维洛夫的见解令他们着迷，并获得了执行考察任务的许可。2月初，一支由14个人和10头骡子组成的考察队出发前往高原。几周后，在靠近吉布提边境的哈拉尔地区，瓦维洛夫在日记中写道他收集的标本已经"超过了预期"。他在那里向列宁格勒寄出了第一批50个5千克重的标本包裹。旅程结束时，共收集了5000多个物种，其中

第三章 埃塞俄比亚 种子库和田间保存种子是粮食安全的关键

555个被确认为埃塞俄比亚地区的特有物种。

埃塞俄比亚物种多样性与环境密不可分,这也是亚的斯亚贝巴研究所坚持在本土最偏远的地区收集样本的原因。埃塞俄比亚地形多样,可主要分为三大地形:东部的干燥、半干旱平原,西部湿润多雨的高原林区,以及中部和北部地区易受严重干旱影响的高地。除了这种地理上的差异外,复杂的山岳形态也起着一定的作用。地形极其崎岖不平,导致人类乃至动物和植物物种难以在地区之间移动交换。这种地理上的隔绝为品种的多样化和新物种的出现提供了理想的条件。对于像瓦维洛夫这样的农学家来说,这里就是理想的国度。

———

维护像亚的斯亚贝巴这样的种子库是一项不懈的工作。收集到标本以后,必须对其进行仔细评估。甚至在评估其健康状况之前,就必须清除在收集和运输过程中可能掺入的任何杂质。为了完成这项任务,该研究所成立了一个妇女小组,专门对标本进行肉眼检查。吉迪解释说,选择培训女性是因为她们比男性更加精确、可靠。他笑着补充道,她们使用的是一种本地工具。她们每个人手里都拿着一种大盘子,一边颠一边仔细观察,然后用手拿掉所有不相干或不合格的种子,真的是一项劳神费力的工作。

种子通过肉眼观察后,如有寄生虫则不利于储存,并且还会造成其他谷物感染，如无不良健康状况且没有寄生虫，则可进入准备阶段，进入储存。正如我们在参观过程中所发现的那样，吉迪告诉我们，"每个样本都要经过干燥处理，然后分成八等份，五份用于田间活态保存，另外三份则用于常规保存"。

这两种收集方式的区别在于两种完全不同的目的和用途。所谓活态保存，是为了满足人们进行研究或种子杂交的需要。他们可能是研究人员、农艺师、农民、全国各地的地方政府，甚至是国际实体。这批种子存放在纸质信封中，并保存在一个类似大型图书馆、没有窗户的特殊房间里，里面一排排的钢架上摆满了文件盒，里面整齐地放着种子信封。

样品可以在这里集中存放 5 年之久。之后，种子被送到研究所的一个实验农场种植，然后再返回到种子库。当然，入库之前仍需要对种子进行严格的健康检查和人工拣选。

这项辛苦的工作是为了确保有效收集的种子不会失去一些特性。事实上，一些研究表明，在冰箱中长期保存的种子会随着时间的推移失去一些特性，从而导致种子产量降低。我们有时会读到在 5000 年前的埃及古墓中发现的种子，仍然能够发芽生长。但由于没有标本可以比较，所以我们并不知道那株植物的种子被放入坟墓之前有哪些特征。而且，正如我们所知，农民和农学家必须了解成年植物的形态特征，以确定它们是否适合于某种气候和地区。

第三章 埃塞俄比亚 种子库和田间保存种子是粮食安全的关键

其余样本则进入种子库永久性保存。与活态保存不同的是，这些种子在铝盒中密封后贮藏于零下10℃的恒温冷库中，通常很少打开。种子库对种子进行长期存储，打造种质资源的诺亚方舟。吉迪强调说，"这是我们为子孙后代留下"的资源财富。

世界上许多研究所和大学种子库均采取这种典型的保存方式，第一座以这种方式保存的种子库就是位于圣彼得堡的瓦维洛夫研究所。在经济较发达的国家，通过更多的技术手段，可以将种子长期保存在-80℃的种子库里，从而能够更有效地为植物物种构建一道保护屏障。

长期保存与需要定期更新和繁殖的活态保存通常是密不可分的。这似乎是一项永无止境的工作，就像佩内洛普织了拆拆了织，永远也织不完的布一样，通过不断更新繁殖，从而充分保护作物的生物学特性和遗传特征，以应对未来可能遇到的种种挑战。种子库是人类应对未来的重要资源宝库，需要我们悉心呵护。

———

自从到达埃塞俄比亚以后，我们还没有去过市区。按照阿姆哈拉语和奥洛莫语，亚的斯亚贝巴的意思分别是"新花之城"及"天然泉"。我们下榻的泰图酒店是一座建于20世纪初具有殖民主义风格的建筑，坐落于市中心的广场附近。然而，从酒店高处望去,周围的街区似乎完全没有殖民时代的痕迹,以失败告终的意大利殖民扩张没有在这里留下丝毫印迹。亚的斯亚贝巴被当地人称为"亚的斯",就像非洲的许多地方一样,这座城市的发展从未有过整体的城市规划,那些有过殖民历史的城市共有的西方城市结构在这里也不存在。

毫无疑问,我们是在用西方人的眼光来审视这座城市,是在根据文化灌输给我们的城市和美学标准来判断景观是否混乱、不规则。因为有着外国人的长相,所以我们常常感到格格不入,很难真正了解这座城市。亚的斯亚贝巴是非洲联盟总部的所在地,我们也经常被看作游客。随着外交官、商人和在各大机构工作的人越来越多,高档餐厅如雨后春笋般出现,设施简单的商店和简陋的比萨店也应运而生。这些餐厅都提供传统的埃塞俄比亚餐,即炖辣肉洋葱(zighinì),这种菜是由辛辣的炖肉和蔬菜组成的。然后搭配非洲特色大饼英吉拉(injera),一种扁平、海绵状的煎饼,由水和 teff 面粉制成,是非洲的传统主食。为了迎合西方人的审美,几乎所有的饭店里每天晚上都有身着部落服装的歌手和舞者带来传统表演。这些饭店价格不菲,其主要顾客是外国人。尽管如此,外地游客仍会因为有机会体验到当地民俗而感到不虚此行。

而前去参观国家历史博物馆的人寥寥无几。国家博物馆收藏了许多埃塞俄比亚末代皇帝海尔·塞拉西一世的物品,还收

第三章 埃塞俄比亚 种子库和田间保存种子是粮食安全的关键

藏着澳大利亚南方古猿标本的部分骨骼,这些遗骸都是在东非大裂谷所在的埃塞俄比亚境内发现的。博物馆的镇馆之宝是被人命名为"露西"的古人类化石,这是一具生活在 300 多万年前的女性骨架,很长时间以来被认为是人类的始祖。

博物馆对外展示的是古人类化石的复制品,是由古人类学家在亚的斯东北部,靠近吉布提边境的哈达地区发现的。"露西"的真品在 2007 年至 2013 年期间进行了为期 6 年的美国巡展,之后从美国重新回到了首都亚的斯亚贝斯的国家博物馆。1974 年 11 月,美国古人类学家唐纳德·约翰逊(Donald Johanson)发现了骨骸化石,为了庆祝这一伟大的发现,唐纳德播放起披头士乐队的歌曲 *Lucy in the Sky with Diamonds*(《露西在星钻闪耀的夜空》),并提议将这具古人类化石命名为"露西"。

参观国家博物馆时,我们感受到人类文明的曙光可能就是从这里升起的,因此亦为一睹人类的故乡兴奋不已。从这个角度来看,亚的斯亚贝巴"新花之城"及"天然泉"的称号有着重要的意义,它打破了现代化建筑、棚户区和民俗表演给我们留下的印象,使我们对埃塞俄比亚有了更多的了解。

———

第二天,我们离开首都前往埃塞俄比亚高原的咖法地区,这里是咖啡的发源地之一。我们的目的地是设在一个村庄里的咖法社区种子库。该种子库在 1984—1985 年的饥荒中遭受过严重损失，但在生物多样性研究所的支持下，得到有力修复，以应对未来的种种挑战。

我们乘坐吉普车在半干旱地带行驶了几小时，沿途偶尔能看见一些绿色植被。举目望去，四处荒凉，直到快要抵达村庄时才看到一片片耕地。现在谷物已经收割完毕，我们不止一次看到在田里干活的农夫把小麦和杂草分开，就像我们的祖父和曾祖父跟我们说的那样，他们用铲子把谷物抛向空中，借用风力吹去杂物。

和我们一起的还有来自亚的斯亚贝巴研究所的遗传学家和农学家，为此负责运营种子库的管理团队也都聚在了这里。种子库所在的建筑十分简单，它只有一层楼，由一个宽敞、通风的房间组成。走进房间，只见一排排陈列架上整齐排列着比半升装的水瓶稍大一些的深色瓶子，里面收藏着种子。房间的中央和门廊下铺满了谷物袋子，走路时一不小心就会踢到。

咖法合作社的主席是阿塞法·贝克尔（Asefa Bekele），他是一个中年人，身穿西式夹克，头上戴着格子帽。他用阿姆哈拉语缓慢地介绍着，并耐心地等着翻译给他翻完。"这座种子库诞生于1999年，是为了应对1985年的饥荒，"他开始说道，"麦收期间发生了饥荒，可谓是最糟糕的时候。"所以那年咖法地区颗粒无收。"在饥荒期间，农民没有留下任何种子，所以我们只好从本国的其他地区借种子。"对于当地人来说这个过程十分艰难,但是避免了下一年再次发生饥荒。

1988年,种子库开始与亚的斯亚贝巴的生物多样性研究所合作,并获得了更多的种子。这些种子是社区种子库最初的核心。

贝克尔说:"一开始,一共有72名男性成员和8名女性成员,我们从库里保存的种子着手。"这些年来,合作社规模不断壮大,如今已发展到700名男性成员和100多名女性成员。据副主席德密斯·吉尔察(Demisew Jilccha)说,这是他们能够支持的上限。戴着宽檐帽的他说,因此,合作社不得不拒绝其他想要加入的农民。

咖法地区的种子库与我们在亚的斯亚贝巴参观的技术库有所不同,这里的运营模式更加灵活,木架上的瓶子和堆放在大房间里的黄麻袋便是种子库的全部,以应对类似1985年发生的大饥荒。种子库可以起到互助的作用。每个成员在收获后都要存入少量的种子。其实这种机制在以前是由农民自行留种用于第二年生产,现在已经扩展到整个社区。通过这种方式,风险由所有成员共同分担,种子库的收藏可以确保所有成员在自家收成不足时申请到种子。

传统种子是种子库另一项非常重要的资源。收集和向种子库提交种子的整个过程均不涉及商业种子市场。

这种方式将整个社区的粮食发展与跨国种子公司脱钩,使农民掌握种子的自主权。除此之外，正如盖梅多·达勒所说，埃塞俄比亚的农民更喜欢种植具有当地历史和传统的种子。这不仅是一种文化传承，更多的是展现出他们对作物在当地经济中所扮演的角色的观点。

贝克尔告诉我们，他参加了一个评估和选择小麦品种的项目，在农学家要求评估的特性方面遇到了问题。在评估过程中没有任何关于作物的秸秆质量的内容，而是全部集中在种子产量表现特征上。但是，对于自给自足的农民来说，秸秆作为粮食作物的副产品，它的用途十分广泛：可以用来饲养牲畜，还可以制作生活中常用的手工产品。这些都是像贝克尔这样的农民所重视的方面，却不在许多学术研究人员的关注范围内。种子行业当然也不会考虑这些问题，他们唯一感兴趣的，或者说几乎唯一感兴趣的，就是提高产量。

农村社区重视本地品种并不意味着他们完全反对变革和创新。相反，合理的论据甚至可以带来根本性的变化，而且他们在咖法地区建立种子库就是一个充分的证明。当然，这样的例子还有很多。

种子库的女性成员德布瑞图·埃舍图（Debritu Eshetu）给我们讲述了这个地区以前如何种植红皮小麦的事情。她记得在她小时候人们还种植红皮小麦，但后来这种小麦被荒废了，因为人们认为红皮小麦不如白皮小麦品质好，所以，"给客人吃红皮

第三章　埃塞俄比亚　种子库和田间保存种子是粮食安全的关键

小麦不太合适"。因此，与欧洲和中东品种更相似的白皮小麦的种植范围变得更为广阔。

但对埃舍图来说，白皮小麦会增加肠胃负担，为此她去看过几次医生。好在咖法地区恢复种植了传统的红皮小麦品种，埃舍图终于可以再次吃到童年的味道，并且解决了自己的肠胃问题。

除了考虑一种作物的接受度和消化率之外，埃舍图提出的问题并非无关紧要。农民不愿意创新只是人们对他们的一种刻板印象。只不过那些就像我们考察的农村社区里靠土地生活的人，只有坚实和合理的理由，他们才会接受改变。接受与否的原因不一定只与产量有关，而是关乎复杂的农艺和社会文化需求。这里和意大利或世界其他地方一样，人类选择种植食物的同时，食物也造就了人类。

在过去的几十年里，这些农民积极响应号召，实现传统农业向现代化农业转变，适应向外拓展的销售体系，这些举措虽然促进了农民增产增收，但是也使农民失去了掌控种子的话语权。打造向外销售产业链的同时，也导致了中间商的参与，他们向农村社区提供商业种子，然后从农民那里购买农产品，最后转售至城市。

几年之后，农业产业链的经营模式在咖法地区越来越显示出局限性。首先，事实证明，商业化种植的农作物并不适合制作符合当地饮食习惯的食物,而且也无法全面兼顾利于当地经济发展的农副产品。此外,由于农民无法自己留种、育种,所以也无法控制种子的质量,只能依靠中间商。最后还涉及价格的问题,粮食收购的价格为多少、何时卖,农民都无权决定。

———

因此,农民集体组织起来自己留种,确保发生灾害时不至于没有种子,并且能够试验新的作物。此外,也由于手机和网络的普及,正如阿塞法·贝克尔所说,农民已经意识到他们可以直接监测不同市场的谷物和其他作物的价格趋势,从而绕过中间商,自主决定在哪里销售。这种模式展现出当地的农民并非是思想保守、因循守旧的。

驱车返回首都时,途中经过埃塞俄比亚高原,那里土壤贫瘠,气候干旱。几个世纪甚至几千年以来,农民开发土地的方式都更类似于游牧民族,而不是定居农业民族的方式。农民在肥沃的土地上耕作,并以定居点为中心在非常有限的半径内开垦新的土地。他们通过砍伐森林获取用于建筑和燃烧的木材,以及用于耕种的新土地。这种耕作方式持续了几个世纪,但在过去的几十年里,埃塞俄比亚人口不断增长,土壤贫瘠化趋势日益严重。河流纵横交错的山谷中,没有树木来蒸散水分,再加上暴雨袭击(干涸数月之后,发生异常暴雨天气并引起大量降水),导致可耕土地减少,土地荒漠化日益加重而无法耕种。

第三章 埃塞俄比亚 种子库和田间保存种子是粮食安全的关键

这种情况自20世纪70年代开始得到改善,实际上是与亚的斯亚贝巴生物多样性研究所的创立同期发生的。这一环保事迹的主人公是阿巴·哈维(Aba Hawi),他是来自与厄立特里亚交界的高原最北部的提格雷州的一名农民。他的绰号实际上也是一个昵称,意思是"逆行者",如果你了解他的事迹,便可以猜到其中的原因。年少时,阿巴·哈维就意识到,只有保护自然资源才能保护社区的未来。提格雷州的树木是守护人类未来的最重要的资源之一。树木覆盖着的山谷能够更好地吸收和保留水分,树木的根部还可以固定土壤,防止雨水冲走肥沃的土壤层,以免裸露出地表的岩石。

马克·多德(Mark Dodd)[1]以环保活动家哈维为中心拍摄了一部精彩的纪录片。阿巴·哈维坚信即使有些家庭靠出售木材作为维生的唯一途径,但是也应该拯救树木,为此他经历了许多困难。20世纪70年代,德尔格政府接管国家政权时,他的活动立即受到质疑,他被视为能够动员社会的麻烦制造者。

在西方非政府组织的支持下,他的活动得以展开,并开发了一种不需要使用机械来移动土壤或水泥水坝的建造技术。阿巴·哈维重新让提格雷州的农民参与进来,建造一些水坝作为蓄水池。然后说服他们在山坡上修筑梯田,从而获得可耕地。

---

[1] 《埃塞俄比亚的崛起——从红色恐怖到绿色革命》,该纪录片由马克·多德指导,于2015年发行,可在油管(YouTube)网站上租赁观看。

如果说这些活动在一定程度上得到了反对中央政府的地方抵抗力量的支持,但也受到了门格斯图和临时军政府的层层刁难。

然而,在和平年代的今天,阿巴·哈维被视为埃塞俄比亚公认的征服自然、征服土壤的领导人物。提格雷州是埃塞俄比亚第一个颁布森林和林地保护法的地区,之后陆续推至全国。

基于阿巴·哈维最新指出的方向,以及他从事的活动在埃塞俄比亚所引发的思考,促成了"绿色遗产"这项植树活动。2019 年 7 月,由总理阿比·艾哈迈德·阿里发起,埃塞俄比亚全国数百万人被邀请参加这项挑战,仅在 12 小时内就种植了 3.5 亿棵树,创造了一项新的吉尼斯世界纪录。联合国数据显示,埃塞俄比亚只有不到 4% 的土地被森林覆盖,尽管很难恢复到 19 世纪末的 30%,但通过这项活动这届政府将有望提高国家的森林覆盖率。

这并非一个孤立的事件:在过去的 10 年里[①],埃塞俄比亚付出了巨大的努力,实施恢复土壤、控制水土流失和保护水资源等措施,每年在这个领域的投资超过 10 亿欧元。换句话说,非洲第二人口大国正在着力于修复环境,但国际热带农业中心最近的一项研究表明,治理的结果还远远不够,还无法宏观评

---

① 《埃塞俄比亚国家土地恢复倡议对生态系统服务的影响的特征和评估》,作者:Wuletawu Abera 等,出自《土地退化与发展》(2019 年 8 月 8 日)。

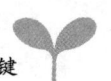

第三章　埃塞俄比亚　种子库和田间保存种子是粮食安全的关键

估这些措施为地方生态所带来的影响。

——

回到首都后，我们参观了国际农业研究磋商小组（CGIAR）埃塞俄比亚研究中心。国际农业研究磋商小组是旨在提升粮食安全的全球组织网络。除亚的斯亚贝巴的中心之外，目前国际农业研究磋商小组还有15个研究中心，如国际干旱地区农业研究中心（ICARDA），该中心设在叙利亚，萨尔瓦托雷·塞卡雷利（Salvatore Ceccarelli）曾在那里工作过。还有菲律宾的水稻研究中心（IRRI）和墨西哥的国际玉米小麦改良中心（CIMMYT）。

我们采访了一位在国际生物多样性组织工作的意大利研究员卡洛·法达（Carlo Fadda）。该组织是国际农业研究磋商组织网络的中心之一，总部设在罗马。法达是撒丁岛人，这几年一直在东非工作，他负责的一系列项目旨在帮助农民找到创新的方法，确保他们能维持生存。他此次是前来参加一场关于农民的各种研究项目成果的国际科学会议。

他告诉我们，2010年，他的研究所启动了"Seeds for Needs"（生存所需的种子）项目，他是该项目的主要联络人之一。该项目旨在利用遗传知识来制定应对气候变化的解决方案。在研究中心的小酒馆里，他跟我们一边喝着埃塞俄比亚本地酿造的啤酒，一边说："气候变化正在威胁农民的生存，而直接受到威胁的是生产系统本身。"为了应对这种情况，作物需要具备新的遗传特性，比如适应性很强、生命力旺盛且耐旱的品种。"我们知道在埃塞俄比亚有大量的谷物品种，特别是大麦和硬质小麦，我们想利用这些品种来获得这些特性。"

"Seeds for Needs"与包括"绿色革命"在内的向南方国家提供援助的大部分项目相比有所不同。该项目中的研究人员没有通过研究埃塞俄比亚的作物，然后在实验室和试验田培育出最佳品种，并推广至当地社区，而是另辟蹊径。

德杰尼·门格斯图（Dejene Mengistu）是亚的斯亚贝巴大学的研究员，意大利比萨圣安娜大学的博士。门格斯图用深邃、明亮的眼睛看着我们时，就像20世纪50年代的电影演员。他说，他们从一开始就与农民建立了联系。"2012年我们选中了代表该国两个不同地区的农民。"这两个地区分别是距离亚的斯亚贝巴850千米和550千米的萨格拉-塞勒姆（Sagra Salem）和盖拉-盖拉（Geera Geera）。"我们对库中的400个作物品种进行了实地测试，并直接让农民评估。"

评估时需要考虑的三个主要特征是分蘖（即植物形成穗的能力）、穗长和成熟期。

门格斯图总结道："把这些评估结果综合起来后，我们已经选中了最适合这两个地区种植的50个品种，现在种植在田间了。"下一步是评估这些品种是否适应当地的气候，然后通过实验室进行新一轮的筛选。这项工作似乎永无止境，但是不断交

第三章 埃塞俄比亚 种子库和田间保存种子是粮食安全的关键

叉选育是应对气候变化所需的唯一途径。

但从一开始就与农民合作有哪些优势呢？生物多样性研究中心主任盖梅多·达勒认为如果是农民已经熟悉的品种，他们会更容易接受。然而，在这里，不仅是涉及选择农村社区已经熟悉的品种，而是像萨尔瓦托雷·塞卡雷利那样，让农民直接参与科学研究，以改进现有品质，培育出符合地方需要的品种。

门格斯图认为："作为一名农学家，理论上，你也可以自己进行研究工作，但是科学家和农民的评价标准并不一致。"这也呼应了咖法地区的阿塞法·贝克尔向我们介绍的情况以及意大利、伊朗、法国和我们去过的其他国家的农民所告诉我们的。如果农学家独立研究，那么他将无法了解农民所掌握的知识，更重要的是，他们培育的品种很难立即被社区接受。当然，研究人员也可以利用遗传学来选中那些能够在极端环境条件下正常生长的作物，能够适合局部气候、在无水或盐碱地中生长的作物，等等。但如果社区不采用这些品种，认为这些品种与自己的文化相去甚远，无法满足生活中的需求，乃至传统用途，那么所有的研究工作都将变得毫无意义。

在实地所做的参与性工作中，还有一个值得关注的数据，那便是参与选种的男性和女性的选择和建议是截然不同的。门格斯图指出，男性倾向于从狭义上评估与生产力更相关的因素，如穗长或谷粒大小，女性则特别关注其他细节，如该品种是否适合制作面粉和面包，或者是否适合长期储存以及是否具有良好的繁殖能力。让女性和男性都参与研究有利于选育出能够满足社区不同需求的种子和作物。

在埃塞俄比亚考察的过程中，瓦维洛夫遭遇了重重困难。导游不愿意穿科学家为他们提供的凉鞋，并拒绝骑驴，他们认为只有女人和儿童才骑驴，骑驴有损男子气概。此外，瓦维洛夫在早些时候的亚洲之行中感染了疟疾，身体很虚弱，还患上了斑疹伤寒症。尽管如此，他仍然取得了具有巨大科学价值的考察结果。基于从硬质小麦到大麦再到燕麦等不同谷物的巨大遗传多样性，这位俄罗斯科学家得出结论认为，埃塞俄比亚是非洲农业的起源中心，而不是像以前所认为的埃及。而且，他发现埃塞俄比亚的大麦品种与地中海和亚洲的大麦品种十分不同。也就是说，埃塞俄比亚的农业历史悠久，是独立于亚洲农业发展的。瓦维洛夫在《栽培植物的起源》一书中指出，欧洲和非洲所有已知的大麦形式都来自阿比西尼亚[①]的山区，正是在那里，遗传改良研究人员可以收集"所需的多样物种数量，包括欧洲遗传学家和农学家尚未发现或使用的许多地方品种"。

---

① 阿比西尼亚帝国是 1270 年到 1974 年期间非洲东部的一个国家，即今日埃塞俄比亚的前身。——译者注

门格斯图还自豪地告诉我们,他在埃塞俄比亚种植的谷物上所做的特征分析工作,证实了俄罗斯遗传学家瓦维洛夫的研究。门格斯图使用一种用于区分不同品种的典型"分子特征"的特殊标记,他发现当地的作物与地中海国家种植的作物截然不同。因此,除了改良植物外,植物遗传学也可以帮助人们了解历史,了解几千年来农民旅行、迁徙和交流的故事。

夜幕降临,天气开始变冷,我们就着啤酒和花生聊着天,卡洛·法达谈到了"Seeds for Needs"和其他以保障农民粮食为主要目标的项目的意义。种子必须适合不断变化的气候条件,"可能有些种子由于不符合农民的文化理念或者其他需求,所以不适合农民"。试着想象一下,这就像意大利人不可以手工制作新鲜面食一样。或者说,就像欧盟颁发限制使用传统燃木烤炉制作比萨的规定一样令人无法接受。从文化层面上来说,这些都是影响食品生产和加工方式的典型例子。在田间试验阶段也是如此,特别是在自给自足的农业中,生产与市场无关。"我们必须找到农民喜欢的品种。而要做到这一点,就必须继续研究收集,建立地方种子库,同时分析农民自己交换种子的方式。"

——

我们在亚的斯亚贝巴的最后一个晚上是在酒店的大堂里度过的。一支乐队演奏着具有民族传统风情的埃塞俄比亚爵士乐。用这样的音乐来结束这次非洲人口大国的旅行犹如点睛之笔。尽管埃塞俄比亚在历史发展的过程中面临过许多问题，多次遭到入侵、饥荒，独裁和战争使它血流成河，但从这里仍走出过许多非凡的音乐家。其中最著名的便是穆拉图·阿斯塔特克（Mulatu Astatke），即使在今天，70多岁的他仍然活跃在世界各地的舞台上。他是伟大的电颤琴演奏家和作曲家，他将传统的埃塞俄比亚音乐与拉丁音乐和美国爵士乐相结合，创作出埃塞俄比亚爵士乐，展现了埃塞俄比亚民族深情的感性底蕴。

尽管埃塞俄比亚的发展面临重重困难，但从当地农学传统中汲取精华，向提供支援的非政府组织和国际机构学习，埃塞俄比亚也致力于推出一系列创新举措，包括农村种子库计划及阿巴·哈维水坝等。这并不意味着在国家粮食安全问题上埃塞俄比亚就可以高枕无忧。正如盖梅多·达勒所说的，需要尽可能地扩大范围，适应新的形势变化。旅途中的所见所闻、所感所知让我们感受到埃塞俄比亚所拥有的巨大能量，尽管在前进的过程中有时成功，有时失败，但已经成功打破了20世纪80年代中期英国广播公司（BBC）报道画面中的印象。

第四章

法　国

欧洲之面包与政治

第四章　法国　欧洲之面包与政治

　　如果说有一种食物贯穿了人类历史，在文化中扮演着重要的角色，并具有特殊的象征意义，那便是面包。面包的历史发展是与植物的驯化和农业的发明同步进行的。它的食材非常简单，只用面粉、一些水和一小撮盐就能烤制而成。有的面包在制作过程中甚至不需要添加酵母，例如犹太人制作的一种叫作"马佐"的无酵面包。几千年来，面包一直是西方饮食中不可或缺的主食，尤其是贫困阶层。在西方国家，"面包"这个词已经成为生活必需品的同义词，所以从一些跟面包相关的习语中也可以透视出其文化沉淀，比如意大利语中"togliere il pane di bocca"（把面包从嘴里拿出来，意思是指抢走某人的饭碗，夺人生计）这个谚语，面包在这里象征所有食物之意，就相当于自己的"生计"。而天主教徒认为面包中的物质实际上转化为耶稣基督的身体，是灵魂不可缺少的寄托。

　　正如意大利作家皮耶罗·坎波雷西（Pietro Camporesi）在《野蛮的面包》（*Il pane selvaggio*）一书中描述的那样，15—18世纪的欧洲，食物匮乏，为了能够填饱肚子，绝大多数人只能使用廉价、劣质、有毒的面粉制作面包。社会阶层分明,"面包是社会地位的重要标志,上层阶级吃白面包,下层阶级吃粗糙的黑面包"①,面包便是"社会阶层的分界线"。这种等级的划分在意大利的乡村地区至少持续到 20 世纪 50 年代,对普通百姓来说,白面包通常在节日时才能吃到,而其他面包才是日常食用的。

面包是必不可少之物,所以人们想尽办法获取面包食材,他们甚至想出不使用谷物制作面包的方法。例如,小麦和玉米在山区难以生长,人们就使用栗子粉。但正是由于谷物和面包之间这种紧密相连的关系,促使法国佩里戈尔地区的人们联合起来,试验新的方法,使谷物生产和加工具有可持续性。如果要用一个口号来概括他们的创举,其实并不容易,它涉及科学和政治,让-弗朗索瓦·贝尔特罗(Jean-François Berthellot)给出的解释是:"如果想作出好面包,就必须找到优良的谷物品种。看似简单,其实不然。"

———

我们来到石头农场时,发现贝尔特罗正在和一些刚来买新鲜面包的人聊天。他讲话的速度很快,即便听不懂他说的每一

---

① 语言学家和文学学者皮耶罗·坎波雷西(Piero Camporesi)主要研究食物和社会之间的关系。《野蛮的面包》一书于 1980 年由 Il Mulino 出版社首次出版。该书绝版多年后,2016 年由 Il Saggiatore 出版社重印。文中的引文来自题为《集体眩晕》的章节。

第四章 法国 欧洲之面包与政治

句话,也能看出他健谈的性格。跟他讲话时会很容易被他充满热情的风格所吸引,他就像一个魅力非凡的摇滚巨星或是会吸引听众注意力的演讲者。当他谈到他的面包、谷物和农场时,从他眼中闪烁着的亮光就能够明白他的激情是如此真实动人,是对土地和丰收的果实发自内心地热爱。

圣玛丽港位于法国东南部佩里戈尔地区(现在的新阿基坦省)的洛特-加龙省北部,是一个人口不到 2000 的小市镇。我们前往的农场在法国乡村丘陵上的一个平缓的山顶上。这座房子很古老,也许因为它是用石头建造的,所以贝尔特罗的农场才以此命名。这个区域的河流沿着比利牛斯山脉向南延伸,最终汇入大西洋。其中最重要的是与该省同名的加龙河,全长 600 多千米,与多尔多涅河形成"两海之间"的波尔多葡萄园区。

贝尔特罗 20 世纪 80 年代来到这里,大学毕业后他就清楚地知道自己想要从事的职业。他的生活不可能远离土地,也无法离开小麦。当我们同他一起前往麦田时,我们立刻就明白了他作出这种选择的原因。田间的麦穗还是绿色的,高而细长,就像贾科梅蒂(Alberto Giacometti)的雕塑,贝尔特罗轻轻地抚摸着麦穗,仔细端详着它的品质。这个十分感性的场景让我们显得有些格格不入。

贝尔特罗农场的土地面积为 40 公顷,按照法国的标准,尤其是与密集型工业化耕作相比,这个面积只相当于一个小型农场。在这方面,法国与意大利的情况还有些不同。意大利国家统计局(ISTAT)每十年进行一次的农业普查结果显示,2010年意大利农场的平均面积为8.4公顷,不到贝尔特罗农场的1/4。意大利的家庭农场几乎不是主人的主要工作,只是代表着一部分的收入。在这种情况下,除非意大利农场直接参与到一些保证谷物销售的工业或其他行业的产业链中,否则很少有人生产谷物。

而贝尔特罗的选择使他和他儿子这两个家庭都能够通过耕种土地和销售加工产品来维持生计。贝尔特罗出于信念拒绝了所谓的"高产竞赛",即想方设法地追求高产量,而选择了有机农业。他在面包房里一边摆放着刚出炉的面包,一边说道:"我的农场每公顷可收获大约2500千克小麦,而法国的平均水平是7500千克。但这些数字并不能说明什么,因为要达到7500千克,就必须使用化学农药,从而造成硝酸盐渗入地下水、空气污染和破坏景观环境等问题。"

放眼望去,绿油油的一片,石头农场和周围的山丘融为一体,有一种亘古不变的静穆。这里是一个田园诗般的地方,人与自然的需求保持和谐,看着宛如明信片般的景色,令人沉醉。在法国人的心目中,景观本身就代表着一种价值,并受到专门的法律保护。而据贝尔特罗说,今天的农业也应该承担起这个任务,保护几个世纪以来由一代代的农民塑造起来的景观。

贝尔特罗有点儿理想主义，他相信人类的未来应该平均分配土地，每个家庭都有足够的土地来打造和谐的生活。在他的理念中，人们应该减少消费。这种观点有些激进，让人不得不联想到农耕思想，推动农业在保持和谐发展和尊重自然的社会价值方面发挥核心作用；耕种土地可以带来归属感；农民能够通过耕种自己的土地来养活自己，农民比生活在城市的打工者更加独立和自由。这种观点似乎也与"去增长"的经济理论相吻合，虽然它与潮流背道而驰，但并不单纯是对工业化所破坏的伊甸园的一种怀旧。

采访贝尔特罗就像我们追随着瓦维洛夫的思想在世界各地进行的采访一样，让我们体会到我们面临着许多选择。贝尔特罗说，他的首要挑战是缺乏农民团体的参与，农民团体被工业化农业和国家及国际政策抛弃。这些强制性政策的出台并没有留下讨论的空间，也没有给耕种土地的人提出质疑的机会。

出于这个原因，大约15年前，贝尔特罗和该地区的一些农民建立了一个网络，旨在探索不同的农业发展方向。从那时起，农民种子网络（Réseau Semences Paysannes）已经培训了几十名农民，游说政治决策者不要只关注大公司的利益，并与世界各地的其他同类组织建立关系。而且，最近，还开始参与科学研究，以了解其农业模式的有效性。

毋庸置疑，该网络的核心便是种子。对于贝尔特罗和农民种子网络的创始人来说，尽力寻找不同的小麦品种至关重要，因为"没有任何一个品种能够适合制作所有类型的面包"。贝尔特罗认为需要更多的品种进行混合，品种越多，"面包就越香，越有味道"。他谈论面包时就像一位品酒师。"一开始，我种植的是现代工业品种和两三个本地品种，后来我就转向古老品种了，我去过温室，问过其他农民是否保留了哪怕一点点的很常见的古老品种，但工业化已使这些品种几乎消失了。"

在 15 年的研究和田间试验中，贝尔特罗杂交并种植了"麦粒大，色泽比橘子更红的小麦，还种植了深黄色的，甚至还有一些是蓝色和黑色麦粒的品种。这些研究成果令人惊叹，并促使我让我的农民朋友参与进来，像他们过去那样分发种子，并尽力增加多样性"。法国农民种子网络从口味和质量问题入手，由下至上进行农业创新，保护农业生物多样性，并由此保护我们用来养活自己的作物的遗传资源。我们离开农场时，包里装着一块面包，我们开玩笑说，也许未来在星级餐厅里也可能有谷物品尝师和单独的面包菜单。

——

汽车向北足足行驶了几小时。我们正在赶往与农民种子网络的另一位创始人会面的路上，很快我们就将贝尔热拉克小镇甩到身后。这座小城的河边风景如画，法国剧作家埃德蒙·罗

第四章 法国 欧洲之面包与政治

斯特（Edmond Rostand）的著名浪漫喜剧就是以这里为原型创作的。

突然间，我们发现已经到了多尔多涅省的省会佩里格。我们离开小城继续往东行驶，之前看到的都是丘陵和河流，而此刻眼前的景色则有些不可思议。车窗外是干枯的石墙、狭窄的道路，开了一会儿我们又看到了如画的风景。行过最后一个弯道，就没有沥青路了，前方是一条通往河边的土路。站在一辆橙色拖拉机旁边的是贝特朗·拉塞涅（Bertrand Lassaigne），他正带着富有感染力的微笑等待着我们。我们坐着他的拖拉机来到农场，眼前是一座石头房子，树影落在白漆铁皮桌上，鹅和母鸡在院子里自在地踱来踱去。

屋子里很凉爽，炉子上有一口锅在咕咕作响。空气中弥漫着美食的味道。拉塞涅长相和蔼，留着浓密的灰白色的小胡子，圆滚滚的肚子将格子衬衫撑得鼓鼓的。他看起来就像是小酒馆里的常客或者是在广场中心声情并茂地发表演讲的人。他语速很快，多年来，他一直在农村四处进行宣传活动，销售化学品。看到他后就不难想象出他在做某个产品的现场演示的画面。直到20世纪90年代，这一切都很顺利，但也许是拉塞涅不小心吸入了什么有害身体的物质，突然之间他就病倒了。因此，他决定辞去工作，致力于推广对健康危害较小、对地球更友好的耕作技术。

他自豪地告诉我们:"我是佩里戈尔地区第一批完全改用有机产品的人。"这样的选择为他带来了收获,他同我们说道:"20世纪90年代我刚开始接管农场时,这里大部分农场的面积都在25至40公顷之间。今天,一般都在100到200公顷之间。"因为扩大面积是确保经济可持续性的唯一途径,"在大多数情况下,这些农场只有一个人工作,很难维持生计"。拉塞涅的农场有三个人:他、他的妻子和一个同事。"我们并不富有,"他笑着说,"但我们可以靠双手吃饭。"

21世纪初,拉塞涅开始种植农民储存的种子。他的基本出发点,是意识到商业化的玉米虽然含有丰富的淀粉和营养,却"没有什么味道"。因此,他决定去玉米的起源地拉丁美洲,寻找非工业化的种子。当时在欧洲流通的所有玉米种子都是杂交的商业化种子,所以他只好去其他地方寻找。"这在当时是一件不可想象的事情。"拉塞涅爽朗地笑着说。

他将种子带到了大西洋彼岸,但有一个问题仍然有待解决,这也是我们见到贝尔特罗时提到的问题:找到了好的种子以后,应该怎么办?拉塞涅比较习惯于遵循农耕经验。在每年的特定时节开始做好耕田的准备,然后使用除草剂,播种,最后施肥。他一边说,一边兴致勃勃地打着手势。如果一切顺利的话,将会收获预期的产量。数字是不会说谎的。这段话与我们在旅途中的另一站——印度尼西亚的弗洛雷斯岛——所听到的

第四章 法国 欧洲之面包与政治

故事极为相似。20 世纪 60 年代，印度尼西亚仍是大米进口国，为了实现减少大米进口这一目标，政府向农民提供多种农用物资，包括作物种子和肥料等，以提高作物产量。

但是，他们现在面对的种子是传统种子，所以应该怎么做呢？如果是想有机种植呢？第一次拉丁美洲之行后，拉塞涅取得了当地的生态农业协会 AgroBio 的支持，该协会可提供有机农业方面的培训。有很多人去过拉丁美洲，在当地（主要是巴西）和佩里戈尔之间进行种子和知识的交流。但为了有助于我们更好地理解，拉塞涅让我们上车，开车前往不远处的一个地方。

这里仿佛是一个小小的村庄，古老的石头建筑俯瞰着中央的农田，河水就在树的另一边平缓地流淌。这里是种子屋，是法国和南美农民之间交流的硕果。

我们走进一间跟意大利导演埃曼诺·奥尔米执导的影片《木屐树》里一模一样的厨房。实际上，这里是生态农业协会 AgroBio 工作人员评估、分拣种子的房间，经过一系列的检查之后他们会将种子送入种子屋，或者打包寄送给那些需要的人。这与我们在塞内加尔、埃塞俄比亚、伊朗和意大利看到的场景有些相似，人们对于粮食作物种子这样的珍贵资源有着同样的处理方式以及无微不至的呵护。

我们之后采访了生态农业协会 AgroBio 负责佩里戈尔地区的

协调员埃洛迪·格拉斯（Elodie Gras）。她放下手上的工作，向我们介绍说，2005年和2006年之间协会提出了创建种子屋的想法，但这项工作在那之前就已经开始酝酿了，其主要原因同拉塞涅向我们说的一样，就是涉及如何管理从拉丁美洲运来的玉米种子。格拉斯解释说："种子屋的想法是一点一点诞生的，与集体管理种子的愿望不谋而合。"除了能够满足农民的实际需求之外，还有一点政治活动的色彩，从广泛的意义上来说，是改变社会结构，更确切地说是改变农业结构。这个小组的所有农民都是保护玉米品种的参与者，"每个人都为保护生物多样性尽自己的一分力量"。

我们来到房子的二楼。办公室的横梁上挂着装满玉米棒的网袋。挂在高处可以防止受潮或者动物啃咬。每个网袋里装着大约30个形状和颜色略有不同的玉米棒。格拉斯带着我们一边参观，一边介绍这里作物种子储存的情况："我们还储存向日葵和园艺作物种子，但这些种子都储存在另一个房间的冰箱里。"

种子屋的作用在于保存种子以及向经营种子屋的农民提供种子，但并不是只面向农民。格拉斯告诉我们："值得一提的是蔬菜种子，如果有人对种植蔬菜的过程感兴趣，但是没有菜园，就可以向种子屋提供传统地方品种或者被人遗忘的老品种，以便保存。"

这样做的目的是让所有使用地球资源的人都参与到加工的过程中来。换句话说，欧洲国家的农业绝不应该——也不能够——仅是一小部分人参与，漫长的产业链与我们每天在市场或超市的选择息息相关。这对粮食生产的可持续性有着非常重要的影响。让-弗朗索瓦·贝尔特罗提出过一个有点乌托邦式的想法，即把法国农村划分为许多自治农场，发展尊重自然、可持续的农业，而这里的发展模式不仅具有可行性，还有文化价值，能够促使我们每一个人在产业链中的相应环节上承担起自己应有的责任。因为选择从来都不是中立的。

这个团体具有一定的组织性。要成为团体的一部分，仅仅认同团体的理念是不够的，还必须遵守相应的规则。拉塞涅指出：“团体的成员首先必须是一个实验者，我们会向成员提供需要遵循的规则。”种植玉米和其他作物后应该进行观察、测量和评估。这对于种子屋的运作和标本维护来说是一项很重要的工作。拉塞涅、格拉斯和协会的其他成员认为，这项工作不仅是每个种植者需要关注的，也应该是消费者所关注的。为了使农业系统再次与自然资源和谐共生，农民不能只因循守旧而不了解田间的实际情况，农民应该将几千年农业实践的智慧结晶与学习和研究生物多样性有机结合，培育出优质新品种。

在开展这项活动的同时，一小群科学家也在研究恢复古老品种和评估农民的智慧传承。这些人逆水行舟，他们的研究方向与改变了法国农村面貌的农业工业化趋势截然不同。维洛妮可·沙布尔（Véronique Chable）是法国国家农业研究院的农艺师，她就是一个很典型的例子。

她说话时温和平静，声音很细，却带着一股坚定的力量。沙布尔是国家农业研究院（INRA）的负责人，她将科研工作和参与农民运动当作首要任务。她出身于一个农民家庭，她认为自己的学术生涯与其成长的家庭环境有着直接关系。参观位于布列塔尼大区雷恩市勒勒小镇的工作室时，她告诉我们："我的家庭世代务农，我很了解从祖父母遵循的生产方式到今天所经历的转变，所以20岁的时候我就意识到有机农业才是正解。"

年轻时确立的信念与实验室中的工作不谋而合，沙布尔进入研究院后展开了从事作物改良的工作。"那时仍可收集到来自当地居民的种子，这些种子是最后留存下来的。"通过研究院，她见证了杂交品种带来的转变。"2000年，我们就在思考哪些种子比较适合有机农业，我们也意识到必须作出改变才能保护品种的多样性。我们需要找到多样化的种群和品种。"

这个故事与萨尔瓦托雷·塞卡雷利（Salvatore Ceccarelli）所经历的十分相似，也与让-弗朗索瓦·贝尔特罗以及法国农民种子网络的其他成员的直接经验非常接近。所以，我们决定前往阿基坦大区的艾吉永小镇，加龙河与洛特河在那里汇合后流经

第四章　法国　欧洲之面包与政治

波尔多地区,去深入了解这种方法在当地所产生的意义。

尼古拉·瓦维洛夫从未对法国的农业生物多样性进行过探索。他的目的是确定农作物的起源中心,他当时认为地中海地区在其中发挥着重要的作用。20世纪20年代,他组织了一次长途考察旅行,沿途经过地中海沿岸的许多国家,考察结束后参加了两场重要的国际大会,即于罗马举行的第十三届国际农业大会(1927年5月26日至6月1日),以及于柏林举行的第五届国际遗传学大会(1927年9月11日至17日)。

从摩洛哥经阿尔及利亚和埃塞俄比亚到叙利亚,他想考察的这些国家都不是独立国家,而是欧洲国家的殖民地。因此,1926年他只好前往伦敦和巴黎申请所需的签证。他在英国伦敦办理手续时不太幸运,只获得了考察巴勒斯坦的许可,而没有获得前往其他非洲殖民地的许可。他只能通过参观英国皇家植物园林——邱园和英国博物馆来缓解自己的失落情绪。关于被拒绝的埃及签证,他以其特有的乐观态度,在给妻子埃琳娜的信中说,"毕竟,整个埃及都收藏在大英博物馆内"[1]。

1926年6月,瓦维洛夫前往巴黎办理前往法国殖民地的签证,但获取签证的难度不亚于伦敦。幸好他在法国的上流社会

---

[1] 参见 Barry Mendel Cohen, *Nikolai Ivanovich Vavilov*: *The Explorer and Plant Collector*, in *Economic Botany*, Vol. 45, No. 1 (1991), pp. 38-46.

有一个熟人，使他最终获得了进入吉布提的许可，那里是进入埃塞俄比亚的门户，也是他非常渴望考察的地点之一。那个熟人便是维尔莫林侯爵夫人，一位来自园艺世家的植物学家，也是一家自1742年起就开始销售种子的公司的所有者。这家公司就是我们今天所熟知的世界农业种子巨头利马格兰集团。

6月22日，瓦维洛夫应一位巴黎友人的邀请前往这位侯爵夫人家中做客。从这位俄罗斯遗传学家的描述中可以看出侯爵夫人并没有给他留下良好的第一印象。

"根据她孩子的年龄推断，她应该是在50到55岁之间。她的脸庞，确实很美，几乎没有一丝倦容。但她是如此头脑混乱、愚蠢无知……签证的事情肯定不会顺利的。"

不难想象，他当时穿戴整齐地出现在这场盛大的宴会上，但当侯爵夫人向他展示着图书馆、她本人在布尔诺获得的孟德尔奖章时，他确实觉得有些无聊。瓦维洛夫在参观时几乎是随口提了几句他所遇到的签证问题。侯爵夫人便让他不必担心，她认识一位外交部官员，她会给他写信称，"瓦维洛夫是一位伟大的科学家，是我丈夫的好友"。这封信并没有像瓦维洛夫所希望的那样，帮他达成目的，但还是起到了一定的作用，打开了一个能够真正疏通困境的渠道。

6月24日，瓦维洛夫获得了叙利亚、阿尔及利亚、突尼斯、摩洛哥和吉布提的签证，地中海之旅的梦想即将实现了。

第四章　法国　欧洲之面包与政治

侯爵夫人与内政部交涉后，她在瓦维洛夫眼中立即发生了翻天覆地的变化，她仿佛年轻了 20 岁，从侧面看，显得更加年轻。

艾吉永位于河畔，就像散落各处的众多法国乡村小镇一样，景色十分迷人。这座小镇建在洛特河凸形弯道上，小镇中心建筑整齐有致，市政厅俯瞰着长方形的广场，是当地人的生活中心。小镇的其他房屋为木质结构，红色砖墙斜向排列。艾吉永是一个沉睡的农业小镇，除了公元 1346 年在英法百年战争期间发生的一场围城战之外，这里似乎从未发生过震撼性的历史事件。

走进小镇，穿过一个俯瞰从洛特河取水的弗马丹运河的绿色小院，我们见到了帕特里克·德·科赫科（Patrick De Kochko）。我们认识他的时候，他刚过 50 岁，一头白发，目光中透着机警，他是让-弗朗索瓦·贝尔特罗等人创立的法国农民种子网络的主席。

法国农民种子网络是欧洲历史最悠久、最活跃的农民网络之一，其诞生有着特殊的社会和法律背景。德·科赫科回忆道，20 世纪 90 年代，"转基因生物进入法国时，农民意识到他们有可能失去对种子的自主权"。对该网络来说，捍卫传统种子从一开始就是一场争取不将自己排除在政治舞台之外的斗争。这场涉及农业和农民问题的斗争注定跨越国界。贝尔特洛特和德·科赫科等人在这场斗争中作出了重要贡献，他们认为这几乎是世界各国农民所要面对的问题，因为这一切围绕的核心问题都是种子。

在一个欧洲国家试图在种子上实现自主和独立，在当时乃至今天都意味着要遵循阻碍种子自由流动的法律规定，而这种自由流动在现代化和工业化到来之前一直是世界农业历史的发展特点。

法律规定只有进入特定登记册的品种才能在欧洲市场上销售。其目的有两个方面。该条例的第一个关注点是确保登记的新品种符合某些特定的要求。首先，它必须具有独特性，即必须很容易与其他具有一个或多个显著特征的品种区分开来。

其次必须具有一致性，即经过繁殖，品种的特异特性或其他描述特性应相同或非常相似，而且还必须具有稳定性，即品种经过反复繁殖后其相关特性保持不变。此外，就谷物而言，新品种还必须具有一定的农学和栽培价值，即必须明显提升在特定地区的产量。①

对于大量购买某个品种的人来说，这种规定能起到保障的作用。这意味着购买者受到保护，收获的作物符合所购买种子

---

① 参见 Riccardo Bocci e Gea Galluzzi（a cura di），Guida ai Sistemi Sementieri，Rete Semi Rurali，2015. 参考来源：www.semirurali.net/files/9/Schede/110/Guida-ai-sistemi-sementieri.pdf

的品种特性。在此基础上，人们可以规划自家农场的种植需求。

几千年来，农民在悠久历史中将培育的种子世代流传，然而，今天的许多传统品种却遭到这一制度的扼杀和限制。这些品种只能通过法律制度中设立的特权进行交换和种植。"保护品种"采用清单制，将无直接商业目的品种纳入品种名录。这份名录是在法国农民种子网络、意大利农村种子网络等组织以及整个欧盟许多其他组织共同努力下取得的成果。

就法国农业运动而言，正如德·科赫科所说，转基因生物进入市场代表着一个转折点，它使我们对未来的规划更加清晰，确定了我们的发展方向。

然而，从企业的角度来看，转基因技术开启了工业梦想之门。美国记者马克·夏皮罗（Mark Shapiro）在他最近的一本书中谈道，转基因技术是第二次绿色革命，这一次革命中使用的生物技术比之前的化学技术更具有颠覆性。因此，正如一家大型种子公司的经理向他坦言的那样，他设想的未来将使"农场与环境脱钩"成为可能。[1]这一愿景令佩里戈尔的农民担忧，此外，令他们担忧的还有气候变化所带来的影响。

外面开始下雨了，农民种子网络总部办公室里的温度也下

---

[1] 参考 Mark Shapiro, *Seeds of Resistance: The Fight to Save Our Food Supply*, Hot Books, 2018.

降了。帕特里克·德·科赫科为我们煮着咖啡，炉子上的咖啡壶里飘出一缕缕香气。他谈起欧洲法规对与农业企业相悖的小农生产方式和传统知识的排他性。德·科赫科对此有着独特的专业见解，因为在进入农民种子网络之前，他曾是欧盟在这方面的咨询专家，所以他能够从特殊的角度来解读这些转变。他说道："我们很早就意识到，传统知识正在完全丧失。因此，我们开始组织会议，去农村考察，交流知识和经验。"随着交流的日益频繁，农民开始进行种子交换，农民自留的老品种开始种植在花园里，在佩里戈尔地区和许多其他地方。这些种子是文化和财富的象征，如果没有农民网络的保护，很可能将面临灭绝的危险。

———

人们在长椅上落座。他们经常定期参加这种活动，那些正在相互交谈的人显然都是老熟人。有些人则姗姗来迟，他们还在户外感受 6 月底美丽的晴朗天气。这时，主讲人接过话筒，在全体会议开始前向来自欧洲各地的与会者表示感谢。离会场不远处的牛棚里传来阵阵哞哞的叫声，仿佛是对会议开始表示赞同，也可能是见到如此多的人打扰它们休息而发出的抱怨之声。

这是 2017 年的夏天，也是 "Let's Liberate Diversity" 活动的最后一天，这里汇集了诸如法国农民种子网络、农村种子网络

第四章 法国 欧洲之面包与政治

以及西班牙的安达卢西亚种子网络等组织。创新的农民企业家、关注发展的农民、研究不同农业生产模式的研究人员以及寻找替代大规模分销供应链的消费者协会会聚一堂。2017年的这场大会在比利时南部的马克·范诺佛舍尔德（Mark Vanoverschelde）所经营的哈永农场举行，这里的东面距离法国阿登省（Ardennes）边境只有一箭之遥，西面离卢森堡边境只有30千米。几十年来，范诺佛舍尔德农场一直由几个家庭共同经营，他们以农耕和畜牧业为生，是改革派聚会的理想场所。现今他们中的大多数人离开了，这座大石屋目前只住着两三个家庭，他们继续保持着那种有点嬉皮士且叛逆的生活理想。参加大会的代表有100多人，他们来自欧洲各地，因此会议地点便选在了唯一拥有足够大的顶棚的谷仓。

在过去的几天里，除了参观马克·范诺佛舍尔德专门用于实验传统品种、田里种植和选择被遗忘的品种之外，"Let's Liberate Diversity"组织还开展了许多活动。其中包括"政治"会议，主要讨论在欧洲和国家层面采取的发展措施，需要解决的具体问题，以及在立法和监管方面正在进行的工作。会议期间还举办了一些庆祝活动，例如国际协调组织见证了在卢森堡、荷兰、比利时以及法国东部和德国西部地区新建立的农民、公民和研究人员网络，这一网络被称为默兹-莱茵-摩泽尔网络（Meuse-Rhine-Moselle Network），其名称以三条边界河流命名，以此来强调水资源对于国家发展的重要性。此外，该活动也是一个知识交流的平台，与会者可以相互交换种子，所以我们在参会期间经常可以看到一个法国农民向一个意大利人询问他前一年送给他的种子的作物生长情况，或者看到一个德国人微笑着感谢送给他种子的西班牙人。

交流也意味着分享经验和知识。在哈永农场的三天大会期间设立了很多平行会议和研讨会。记得有一场会议上，参会人数很多，年轻的瓦隆面包师亚历克斯·科林（Alex Colin）向大家展示了他的烘烤技术。他穿着背心和人字拖，专注地选择面粉、制作酸酵头、寻找水和面粉之间的平衡，然后用手揉面，最后用木制烤炉烤出面包。他不想每天重复做同样的事情，他是一个不知疲倦的实践者，总是"不断突破传统模具和加工方法从而制作出更加美味的面包"，他一边检查炉温一边这样说道。

这不禁让我们想起让-弗朗索瓦·贝尔特罗对于面包的看法，他认为好面包的要素必须涵盖优质面粉和对加工技术的深刻认识。"有的面包师告诉我，他们觉得自己的工作受到限制，"科林继续说道，"因此我们专门为他们组织了这次培训研讨会，让他们能够学到许多在学校里学不到的东西。很多农民和面包师联系我们，感兴趣的人也越来越多。所以，我们开始提供培训并准备建立一条包括农民、磨坊主、面包师以及消费者的产业链的草案。"简而言之，要生产好的面包，需要每个人的关注和努力。种植小麦的土壤、人们所在地区的气候——由于全球变暖导致的不确定性——以及与粮食生产息息相关的文化习俗等都是重要的因素。

地方权威人士马克·德沃尔克（Marc Dewalque）为贝尔特罗提供了丰富的灵感来源。德沃尔克是一个来自比利时小城列日的面包师，他总是戴着一顶草帽，笑起来一脸憨厚，还有些腼腆，给人一种亲切的感觉。他说："我从14岁起就成了一名面包师，2013年退休以后，我经常参加培训课程并撰写一些关于面包的文章。"

他坚信应该对食品工业进行改进升级，推动可持续发展的同时将传统技艺结合起来。"年轻的时候，我像所有人一样梦想着改变世界。我为之作出过努力，但我只是一个面包师。"德沃尔克与让-弗朗索瓦·贝尔特罗和数百名来到哈永农场的人一样，他们都认为食物的生产已经成为改变当前西方社会的特权杠杆。我们并不觉得眼前的他们是一些有着理想革命的浪漫主义者，他们发现了产业链中存在的问题，并且已经开始进行试验，向科学寻求帮助，尊重自农业文明开始以来一直流传的传统知识遗产。

对德沃尔克来说，对变革需求的认识已经深入到远离农业生产地区的公民以及消费者。越来越多的人参与进来，交流信息，交流如何制作和维护酸面团，交流如何使用当地或工业化前的谷物。只有这样,"我们才能真正去思考其中的意义,许多人回归到家庭制作面包正是为了寻找这种意义。"德沃尔克说道。我们可以将这种模式简单概括为"参与式研究"。"在工业生产中,所有的标准都是基于产量,而不是基于产品的质量",但这与德沃尔克之前谈到的意义恰恰相反。对他和其他与会者来说,将科学家、农民、面包师、意大利面作坊和磨坊主的知识结合起来至关重要,同时也要考虑到消费者的观点。只有这样,才有可能在未来制作出优质面包,尽管未必能够实现高产,但与气候和土地的关系肯定会更加和谐。

第五章

塞内加尔

西非种子展览会

第五章 塞内加尔 西非种子展览会

"长辈们总是说：传统就是我们的未来。"来自多哥的萨瓦纳区 Agrobio 协会 CD2A 项目负责人雅克·南秋格里（Jacques Namtchougli）平静而坚定地说道。他认为"当地种子，是传统的基础，也是打造未来的基础"，这个观点与我们在旅途中多次听过的不谋而合。

2014 年 3 月，我们正在参加第四届吉米尼（Djimini）种子展。展会设在塞内加尔内陆地区的吉米尼村庄，为期一周的展会期间，这里似乎变成了种子和农业文化的胜地。来自贝宁、布基纳法索、冈比亚、尼日尔、马里、多哥、几内亚，以及塞内加尔的 50 多个代表团的 350 多名农民参加了此次展览会。除了非洲组织外，还有一个小规模的印度代表团和几个欧洲非政府组织的代表，主要是法国和意大利的代表，以及来自乍得的代表。

在展览会的入口处，赫然矗立着一个大牌子，诠释了保护生物多样性不仅仅是一个遗传学或植物学的问题，作物和文化之间有着深刻的联系。对于许多人来说，重视多样性的农业也是尊重多元文化、尊重当地居民的生活习俗，以及长期以来人们选种、栽培和选择食物的传统。在当前全球农业工业化市场的背景下，社区和种植文化在效率、产量和利润率参数的比照下受到排挤。

然而，特别是在非洲，农业远不止是一个生产部门。对于非洲大陆上的大多数人来说，农业仍然是当地居民主要的生产方式，深入到非洲人的生活之中，成为无法割舍的一部分。当前非洲正经历着快速的城市化浪潮，越来越多的人迁往城市居住，但是许多人也意识到，与其生活在城市边缘、卫生条件较差且没有前景的生存环境里，不如在农村生活更为可取。

2014年粮农组织在关于家庭农业的报告中提出，家庭农业在粮食生产中发挥着主导作用。2019年联合国启动"家庭农业十年"[①]的全球计划，促进小规模农业的发展。家庭农场生产的粮食占全球粮食总数的80%，共涉及6亿多个由一到两人组成的家庭生产单位。

联合国政府间气候变化专门委员会（IPCC）发布的《气候变化与土地》[②]特别报告也提到了家庭农业和农业生态做法，认为这种模式可以减少农业对全球变暖的影响（估计目前的粮食和土地利用系统造成的温室气体排放总量达23%），种植适应特

---

① 参见 www.fao.org/family-farming-decade/en/.
② 参见 www.ipcc.ch/srccl/.

定地区及其气候的作物有利于应对不断变化的气候条件。

可以肯定的是，在过去的十年里，采用高科技解决方案有效提高了粮食产量，得以满足不断增长的人口需求，但这种主导模式当前还需要兼顾其他方面，因此也面临着诸多挑战。并不是世界上的所有人都将生活在城市地区，也不是每个人都想甚至需要在工业领域或服务业工作。宝贵的家庭农业遗产需要人类的保护，而农业社区正在担负着守护土地的责任，他们将对土地的尊重和粮食生产有机结合起来。

因此，根据当地的实际情况可以采取许多不同的解决方案，没有必要坚持一刀切、工业化、西式的农业发展模式。他们更需要的是贴切实际的解决方案，例如，西非地区正在经历着快速的经济发展，尽管该地区的贫富差距没有发达国家那么夸张，仍旧形成了利益分配不均的格局。

在西非，有近1000万人面临饥饿。粮食危机预防网络（RPCA）[1]数据显示，其中有50多万人处于需要得到紧急援助的状态。马里、尼日尔、布基纳法索和几内亚比绍的社会政治危机导致这种情况不断恶化，而尼日利亚东北部的情况更是不容乐观，目前面临饥饿的人数可能很快超过1400万。

西非国家尼日利亚的情况比较典型。近年来，尼日利亚的

---

[1] 参见 www.food-security.net/wp-content/uploads/2019/12/SNAPSHOT 2019_WEST-AFRICA_EN.pdf.

经济以快速的步伐发展，2014年国内生产总值超过南非，经济总量达到5000亿美元，从而成为非洲整体最富有的国家。但与此同时，尼日利亚也存在一些问题亟待解决。像西非的其他国家一样，尼日利亚的人口不断增长，据联合国估计，到2050年，其人口数量将超过4.4亿。

在联合国人类发展指数国家排名中，尼日利亚在全球排名中垫底，2019年，在参加评选的189个国家与地区中，尼日利亚排名第158位。该国的发展并不像许多人认为的那样主要是靠石油，虽然石油是其重要的创汇产业之一，但尼日利亚经济最重要的领域是电信、银行和绰号为"诺利伍德"的电影业。而农业也是尼日利亚的经济主导部门，全国70%以上的人口从事农业生产，但生产水平低下，至今粮食仍不能自给自足。根据粮农组织的数据，水稻是该国的主要作物。尼日利亚目前是非洲最大的大米生产国和消费国，也是世界上最大的大米进口国之一。尼日利亚的基础设施仍然不足，很大一部分人口处于非常严重的贫困状态。

西非的许多国家都是如此。尽管很多地区的农业管理有所改善，近年来谷物和其他作物的产量总体上有所提高，但这一地区的农业发展仍然很脆弱，容易受到极端气候的不利影响，如洪水和长期干旱，导致粮食产量锐减。不仅如此，由于政局不稳和内部冲突（近年来频繁发生的恐怖袭击已迫使近50万人离开自己的家园），尼日利亚北部、马里及布基纳法索面临种种风险。

萨赫勒和西非俱乐部（SWAC）①汇集了西非经济联盟的一些国家和经济合作与发展组织（OECD），根据该俱乐部的数据，就国内生产总值而言，这里是世界上增长最快的地区之一，总体增速约为每年6.6%，几乎是撒哈拉以南非洲地区的2倍，那里的平均增长率为3.2%。

在过去的20年里，西非的饥饿人口数量减少了一半以上，1990年饥饿人口超过24%，几乎每4个人中就有1个处于饥饿状态，而今天只有不到10%。从数据上来看，在减少饥饿方面呈现出积极的发展趋势。因此，国际组织倡议实施弹性的农业做法，以期在40年内确保农业生产力以每年略低于3%的速度增长，预防粮食风险②，避免出现粮食紧急情况。近年来，随着一体化的逐步实现，西非经济和货币联盟③的8个成员国（贝宁、布基纳法索、科特迪瓦、几内亚比绍、马里、尼日尔、塞内加尔和多哥）对其通货膨胀率、负债率、财政赤字率等宏观指标进行控制，使这些国家的指标达到与欧盟国家相差无几的程

---

① 参见 www.west-africa-brief.org/.
② 粮食危机预防网络（www.food-security.net/en/）是一个汇集了不同国家和国际实体的国际联盟，其宗旨是监测地区的食品风险因素，实施预防政策，确保粮食安全。
③ 参见 www.uemoa.int/.

度。2019年12月,联盟轮值主席、科特迪瓦总统阿拉萨内·瓦塔拉(Alassane Quattara)与法国总统埃马纽埃尔·马克龙(Emmanuel Macron)联合宣布了一项非洲金融共同体法郎改革法案,计划发行统一的单一货币,共同货币命名为 ECO,取代上述8个国家1.34亿人使用的西非法郎。

在历史上,西非曾是法国的殖民地,受到法国文化的长久影响。尽管单一货币计划的启动一再被推迟,但是该项决定标志着这些国家对殖民历史的突破。届时法国将退出西非货币执委会,成员国不再将一半的外汇储备存放在法国央行。然而,法国仍将继续扮演西非共同货币担保人的角色,单一货币与欧元挂钩,按固定汇率制度进行兑换。货币是金融、经济合作的重要工具,有助开启与非洲地区英语国家进一步融合的可能性,特别是与该地区第二经济强国加纳和非洲巨人尼日利亚的合作。加纳对该倡议给予了支持,而尼日利亚也在慢慢考虑这一变化所将带来的影响和潜力。①

———

我们抵达达喀尔时,已是深夜。一出机场,我们就见证了在任何一座欧洲机场都不可能发生的一幕。数百人蜂拥而至,有的人只是候在那里,想给游客当临时司机或翻译,有的主动

---

① 参见 www.west-africa-brief.org/content/en/towards-single-currency-cfa-franc-eco

招揽游客，为他们推荐酒店、住宿或者只是向他们要钱。眼前的一大群人令我们有些眼花缭乱，直到我们的司机从人群中冲出来，带我们离开了那里。

塞内加尔的首都达喀尔位于佛得角半岛，是非洲大陆西部突出部位的最西端，面朝大西洋海岸。塞内加尔海岸线绵长，北接毛里塔尼亚，南部接近冈比亚。佛得角的字面意思是"绿色的海角"，岛上生长着许多郁郁葱葱的本地树木和棕榈树。雪白的沙滩、无际的蓝天和清澈的海水组成迷人的景致。滨海大道是一个充满活力的休闲空间，有的人在这里慢跑，有的人在踢足球，海上还有许多人在划船，到处都是熙熙攘攘的人群。嘈杂繁忙的车流声、孩子们的欢声笑语、烤鱼的"呲呲"声、海浪拍打岩石的声音成为达喀尔和滨海大道的背景音乐，与融合了非洲传统的科拉琴和西方迪斯科的音乐交织在一起。

塞内加尔人口规模总量在不断增加，目前人口为1600万，而首都达喀尔人口达100多万，与世界许多新兴的金融中心相似，其老城中殖民建筑与超现代建筑并排站立。达喀尔也是许多国际组织和非政府组织的所在地，街道和许多餐馆以及酒吧里，都能见到欧洲人的身影，特别是法国人，他们在塞内加尔的海岸工作生活。

戈雷岛位于达喀尔东南部的海湾里，与达喀尔隔海相望。这座小岛有着十分深远的历史意义。从15世纪中期起，戈雷岛曾先后被葡萄牙人、荷兰人和英国人占领,17世纪中期被法国人占领。戈雷岛是非洲海岸的奴隶贸易中心,位于大西洋航道的枢纽处,是奴隶贩运的集散地。

一个周日的早上,我们乘坐渡轮前往戈雷岛,船上还有一些外国人和一些在岛上工作的塞内加尔人。一路上跟我们聊天的女士从事的工作是出售用种子和石头制成的项链,她告诉我们,她教育女儿努力学习,未来过上不一样的生活。在我们之后的旅途中也时常发现,越来越多的塞内加尔女性认为应该加大对女孩子的教育投入,让她们在未来人生中获得选择的主动权。

戈雷岛是个风景宜人的小岛,白色的小巷、彩色的小广场、低矮的房屋、手工艺品商店,还有许多可以一边看海一边喝啤酒的小酒吧。现在已经被改造成博物馆的"奴隶之家"是保存完好的西方殖民主义者贩卖黑奴的历史见证。在导游的带领下,我们参观了囚禁男孩和女孩的房间,他们与男人和女人分开囚禁,里面的房间低矮、黑暗,令人感到窒息,这些曾经关押奴隶的牢房记载着屈辱的黑奴血泪史。18世纪末,奴隶制的废除并没有完全解决贩卖奴隶的问题,直到1848年才停止这项罪恶贸易。自1960年独立以来,除了要求独立的卡萨芒斯地区的内部冲突之外,塞内加尔政局总体比较稳定。2014年,塞内加尔政府与卡萨芒斯分离主义势力签署和平条约,推进和平进

第五章 塞内加尔 西非种子展览会

程。世界银行的数据显示①，2014年至今塞内加尔的贫困率已经下降，经济正在稳步增长，这主要得益于农业部门，以及基础设施、建筑和服务行业的发展。花生是塞内加尔最重要的经济作物，也是重要的外汇来源。当你品尝过这里的花生时，便会察觉到塞内加尔的花生与我们平时在酒吧或超市里买到的那种油腻腻的花生迥然不同。

我们与库木巴利·迪亚（Coumbaly Diaw）从达喀尔乘坐吉普车前往吉米尼，迪亚是意大利非政府组织ACRA在塞内加尔的项目负责人。她在意大利帕尔马小城附近生活了12年，为了前往意大利，她和许多其他非洲人一样，也经历过漫长而艰难的旅程。但是后来她决定带着她的3个孩子回到自己的国家。她所获得的经验和掌握的多门语言使她成为塞内加尔办事处的中坚力量，如今她是粮农组织粮食和营养安全区域计划的协调员。在我们的行程中，她担负起导游和翻译的双重任务。

达喀尔和吉米尼的直线距离为480千米左右。但我们被迫绕远了100多千米。因为冈比亚与塞内加尔为邻，像一把匕首深深嵌入塞内加尔腹地，将塞内加尔中西部地区拦腰斩为上下两截。塞内加尔南接几内亚比绍，其边界也许是从几千里外的巴黎或里斯本人为划分的。这种划分边界的方式可以说是非洲殖民历史的缩影。

---

① 参见 www.worldbank.org/en/country/senegal.

出于签证和两国之间复杂关系的原因，我们无法进入冈比亚，因此不得不绕过冈比亚，经过东部的坦巴昆达，穿过美丽的自然保护区尼奥科罗-科巴国家公园。

离开了达喀尔的郊区（像许多大城市的郊区一样，特别是在全球南方，新兴经济体正在经历着持续、无序的扩张），我们亲身体验到了非洲景观。这是一条长长的笔直道路，大部分路段都是双向单车道，交通非常繁忙，有几个地方甚至没有铺设路面。在途中，我们的司机不止一次离开了原本的车道，开向旁边的土路，从而避免路上的坑洞以及卡车、公交车和其他汽车排成的长长的队伍。眼前所见仿佛都是红色的，土地很干燥，沿途的房子又低又矮、方方正正的，颜色统一，有的是平顶，有的是斜顶。一排排形状特异的猴面包树点缀在路旁，在一眼望不到边的空旷地面上显得格外突出，还有许多高大的白蚁土墩，有的甚至比周围的植被还要高。每次遇到村庄和城镇时，总能看到一个散发着生活气息的市场，女人们摆着摊位和大锅，孩子们成群结队地玩耍、奔跑，有时看到我们，他们会笑着叫我们"toubab"（用来指白种人），这里对白种人通常都是这样称呼的。中途我们停下来吃了点儿亚萨（一种西非菜肴，通常搭配鸡肉或鱼和米饭一起食用）和鸡肉来补充一下能量。这趟行程需要8小时才能到达目的地。吉米尼是一个小村庄，距离维林拉只有几千米。维林拉是卡萨芒斯北部科尔达地区的一

第五章 塞内加尔 西非种子展览会

个小镇，大约有 2 万名居民，现在是旱季，虽然四周几乎还看不到绿色，但其实这里是塞内加尔绿色植被最丰富的地区之一。

维林拉小镇沿路而建，土路一侧有一个封闭式的市场，是几个邻村村民们最常光顾的地方，还有几座清真寺和几家小招待所。从我们住的房间里，便能听到穆安津召唤信徒们祈祷的声音，到了晚上，还能听到附近俱乐部里播放的音乐，人们在那里跳到天亮。

这次行程中最令人期待的便是能够采访当地社区广播电台 Bamtaare Dowri。广播是当地很受欢迎的媒体，拥有近 60 万名听众，覆盖整个地区的 30 多个社区。在埃博拉疫情流行期间，还通过电台广播开展了疫情防控知识宣传工作，包括如何避免感染以及如何减少病毒感染风险等内容。电台也成为青年人的交流平台，通过该平台播放青年人自己主持和制作的多种节目，来讨论青少年问题、学校和教育的话题，还会展开一些关于青少年共同关注的话题的讨论，例如两性关系、青少年的理想、青少年在当地的职业发展等。塞内加尔是一个多元文化的国家，广播节目内容使用多种语言播音。除了官方语言法语之外，使用最广泛的是沃洛夫语，而在卡萨芒斯地区则主要使用迪奥拉语。还有普拉尔语、曼丁卡语、塞勒语、索宁克语、朱拉语、哈桑语等则作为当地语言使用。种子展览会的许多参与者都是三语或四语者，由于人口流动，一些当地语言在邻国也得到推广与普及。值得一提的是我们也参加了一个晚间广播的节目。不过很可惜，我们不会说任何一种当地语言，甚至连法语也不会说，真不知道听众们能够听懂多少。

种子展览会由塞内加尔种子生产者协会（ASPSP）组织，该协会于2003年与法国非政府组织BEDE合作成立。即使想视而不见，也能感受到法国人无处不在的身影。不止一位在场的欧洲非政府组织的代表同我们谈到这个地方时，那种语气让人觉得这里仿佛是他们的专属领地，如果有其他国家的人参与进来似乎会显得不合时宜。这些参与合作的欧洲组织声称他们与当地的主要群体有着非同一般的关系，这样的说法显得有些滑稽。联想到对非洲边界的划分，当他们谈及推崇粮食主权和独立理念时似乎难免有些怪异。

吉米尼算不上是一个真正意义上的村庄，有的只是几间低矮的房屋，屋顶用茅草覆盖，有一扇窗户和一扇门。村里长着许多巨大的杧果树。杧果树枝干粗壮，有点像南欧和南美房屋前的门廊。这些树枝叶繁盛，树冠把院子密密遮盖，可以让几十个人在树荫下凉凉爽爽地开会、讨论，颇像会议中心的大厅。这里还有一个专门建造的大型凉棚，用于容纳全体与会人员。与会者身着传统服饰，鲜艳的颜色在耀眼光线下显得格外突出。长裙、丝巾、头巾、斗篷、长袍令人目不暇接，黄赭石色、明亮的紫色、华丽的绿色、深蓝色等五颜六色的面料使人

第五章 塞内加尔 西非种子展览会

眼花缭乱。男男女女坐在树荫下，兴致勃勃地交谈着，营造出一种热闹的节日氛围，传递着一种积极的能量，十分具有感染力。

除了身份胸牌之外，我们在入口处还领到了一个由南瓜皮制成的碗，这将是我们的餐具。厨师弗朗西斯卡是一位住在吉米尼的女士，她在一个棚子下面设立了临时厨房，20多名妇女整整一天都在那里切菜、清洗肉类、手工制作古斯米，然后将食材放进事先准备好的大锅之中，点火烹制起来。弗朗西斯卡在管理厨房事务上有着无法比拟的天赋，如果供应商迟迟没有提供必要的食品，她轻轻松松用几句玩笑话就把他们搞定了。展会期间，每天都是在棚子下排着不太整齐的队伍领取食物的，我们吃到了各种炖菜、炖肉，搭配不同的酱汁，以及小米或大米。这些食物都非常美味，里面加了许多香料和辣椒，我们都用手抓着吃，在这里比起使用餐具，手才是最卫生的。从第一天抵达这里时我们就意识到水是多么宝贵的资源。在离会场几分钟的路上有一口井，很多妇女头顶着水桶去取水。节约用水是这里的常态。为了解渴，最好是喝全天准备和分发的茶和咖啡。

小米是这次展览会的重中之重。展会摊位上有来自不同地区的农民在交流种子，讨论种植方法。小米是午餐食用的古斯米的主要食材。塞内加尔当地生产者协会的农民和协调员阿里乌·恩迪亚耶（Aliou Ndiaye）解释说，撒哈拉以南非洲的气候正在发生变化，最佳的应对策略是种植适应这种气候变化的作物。"小米拯救了数百万非洲人，使他们免于挨饿。自农业萌芽以来这里就开始种植小米。目前有许多不同的品种，有些甚至与商业杂交品种十分相似。这里的品种更好，具有遗传多样性和纯正的口味，形状和用途也十分广泛。在非洲，城市固然很重要，但大部分非洲人口仍然居住在农村，因此农民更加了解这些作物以及选择哪些进行种植。"

粮农组织的数据和研究都证实了恩迪亚耶的看法。塞内加尔的家庭农业生产几乎占全国农业生产的 70%，养活了农村和城市人口。这也是像塞内加尔当地生产者协会这样的农民组织坚持自留种的原因，以确保种子自给自足。正午时分，恩迪亚耶同我们站在骄阳下，他向我们说道："非洲农民有交换种子的习惯。种子无比重要，种子是我们的生命，不可随意舍弃。如果农民不自留种子，就没有种子可种，就只会更加贫穷，导致恶性循环！"

奥马尔·阿戈里根（Omer Agoligan）是贝宁的一个农民，也是农村可持续农业组织主席，他与恩迪亚耶的观点一致，他强调说，他们的基本目标是充分实现粮食主权，"传统种子、野生品种和人们长期以来的自留品种有助于我们发展生物多样性的农业"。阿戈里根上身穿蓝白相间的条纹衬衫，脖子上系着彩色

第五章　塞内加尔　西非种子展览会

围巾，他十分清楚创新在这个地区的重要性。"非洲人从来没有生产过自己的机器或电脑。我们的财富就是像高粱和小米等作物巨大的生物多样性。这就是我们需要努力的方向。"

阿戈里根认为农民选择种植本地品种不是因为他们没有其他选择。在他们心中，仍然有一种深刻的后殖民主义思想，他们认为非洲农民的首要目标是填饱肚子，因此不应该害怕使用高产农业技术。贫困不仅对发展形成限制，也使人们被迫履行决策者的政策选择。直到 2009 年，阿戈里根一直是一个传统意义上的农民。他种植的种子都是从市场上购买的，并依靠市场和各种中间商来出售农产品以维持家庭生计。从科学技术的观点来看，他属于现代化的农民，但这并未让他安于现状。"2009年，我参加了第一届塞内加尔种子生产者协会种子展览会，"他激动地说，"我似乎感觉到另一个世界向我敞开了大门。通过展览会，我了解到国际种子贸易法规的运作方式，因此决定脱离现有农业企业的运行体系和规则。我决定与我的同乡一起踏上一条截然不同的道路，这条道路将更能体现我们作为本地和传统品种种子生产者的价值，从而实现种子自给。"

当然，这绝不意味着退缩到过去。恩迪亚耶和阿戈里根，同许多来自不同国家的农民一样，在这里接受培训，学习国际条约，寻求科学指导和帮助。"对我们来说，创新意味着改进种植方法，提高生产效率，种植更适合当地土壤和气候条件的作物,"阿戈里根总结道,"例如,我们需要学习如何建立社区种子库。改进堆肥技术,以滋养我们的作物。从创新的角度来说,我们应该向其他国家或社区的农民学习。大家相互讨论交流,掌握良好的种植技术。"

此次在吉米尼举办的会议的主要目的是收集农民的需求,了解需要启动的研究方向。多年来一直在塞内加尔和邻国工作的法国非政府组织 BEDE 协会主席罗伯特·布拉克·德·拉佩里埃（Robert Brac de La Perrière）说道:"通过讨论和分析农民在实践中遇到的具体问题,找到科学指导的切入点。农民邀请研究人员前往农田进行实地考察,共同讨论农业规范,因为农民希望能够真正地管理自己的农田。"

研究人员和农民之间关系的逆转是贝宁科托努阿波美-卡拉维大学的遗传学家珍妮·祖德吉赫本（Jeanne Zoundjihekpon）的工作重点。多年来,祖德吉赫本一直在贝宁和布基纳法索工作,主要研究山药品种的恢复和分类。块茎作物山药原产于西非,是当地的主要粮食作物,却经历过灭绝的风险。祖德吉赫本穿着印有大学名称的 T 恤,辫子下露出两个大大的绿色耳环,她说现在农民已经习惯直接种植块茎,不再使用种子。但是她与农民一起进行的研究表明,通过种植种子可以更好地控制整个生产链,根据特定地区选择最适合当地条件的品种,更有利于获得丰收。

第五章 塞内加尔 西非种子展览会

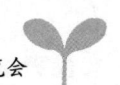

她用一种充满激情的语气说道："我们质疑农业科学的经典运作模式，因为现在的农业科学认为农民只是一个使用者，而不是参与者。"她认为研究人员在研究过程中应该重视农民所掌握的知识。祖德吉赫本继续说道："我们坚信，研究人员应该让农民参与进来进行实地研究，充分重视农民所掌握的关于种子、花卉和水果以及土壤的知识。我们与来自不同村庄的农民合作，共同跟踪作物从发芽到成熟周期的所有阶段，也关注当地的条件、使用的田地以及种子的播种和处理方式。"

除了山药，祖德吉赫本还向我们介绍了有着悠久的种植历史的小米，其最早的种植区位于马里的廷巴克图古城。她认为，该地区现有的小米栽培品种和野生品种有着巨大的多样性，有利于开发出能够适应不断变化的气候条件的品种，从而应对由气候变化引发的干旱和水资源短缺等问题。

与祖德吉赫本等人交谈时，我们注意到，有一群人挤在另一名与会者身边，他身穿传统的蓝色长袍，罩着蓝色面纱，只露出黑色的眼睛。他便是来自尼日尔的图阿雷格人，也被称为"蓝色的人"。他正在快速揉捏着小米面团，准备制作薄薄的面包坯，然后在地上事先挖好的一个临时烤炉里烘烤。烘烤时间大约为半小时，但为了判断面包是否已经烤熟，他像有经验的面包师那样用手轻敲面包底部，检查是否有空洞的回响。我们拍掉面包上的灰烬，然后大块大块地吃了起来。新鲜出炉的面包口感又香又甜。值得一提的是，当地的人们经常需要穿过漫无边际的沙漠，因此无法让面包有足够的时间发酵，也没有传统的烤箱烘烤面包，所以这种面包更加符合这里的生活需要。

小米原产于非洲，广泛分布于各个地区。例如，在西部地区，最常见的品种是白小米和黑小米，以及几内亚小米，这些品种更适应干旱且有机物含量低的贫瘠土壤。小米的种植与传统文化息息相关，但是许多人担心人们转向种植水稻或玉米，这两种作物在全球市场上有着巨大的需求，象征着城市人口的身份地位，但它们对环境资源的要求更高。也就是说，生产水稻和玉米需要更多的水资源和其他投入。

粮农组织认为，相比于其他谷物，非洲小米的营养价值更高，因为小米含有更丰富的蛋白质和人体所需的微量元素，因此它是一种极其重要的作物。然而，联合国机构也指出，小米通常在全球农业发展计划和政策指南中遭到忽视，似乎被认为是贫穷的象征。小米可能有些不太时尚，平平无奇，但这种作物却可以使非洲实现粮食自主。来自多哥的雅克·南秋格里认为，这是一场艰苦的斗争。他告诉我们，在他所在的地区，"自1995年以来，玉米已经占据了主导地位，并且不断广泛传播，小米主粮的身份地位已经逐渐被玉米所取代"。

讨论农业和营养之间的关系就不得不谈到妇女所发挥的作用。粮农组织早在2010年就支持赋予妇女权利，与饥饿和营养

第五章 塞内加尔 西非种子展览会

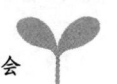

不良作斗争。收集到的数据显示，对妇女工作的充分支持，包括培训以及获得土地和信贷，有利于提高产量。女性获得这些资源后，世界上的饥饿人口数量可减少1.5亿，约为目前全球饥饿人口的1/6。

在非洲有许多关注妇女的组织，其中一些也分布在吉米尼。部分原因在于像塞内加尔这样的国家有大量男性移民到欧洲，所以土地都掌握在妇女手中。玛丽亚玛·桑科（Mariama Sonko）是一位有魅力的女士，她笑声爽朗，在卡萨芒斯推动"我们就是解决问题的方法"（Nous sommes la solution），这是一项活跃在塞内加尔、布基纳法索、马里、加纳和几内亚有关妇女和女权主义的运动。桑科不知疲倦地组织培训和支持计划，让妇女建立联系、互相帮助，并将农业生态学付诸实践。她对工业化农业和跨国公司在非洲的影响有着十分不同的见解。桑科和她的同事努力的方向是培养妇女管理整个产业链和独立作出决定的能力。桑科解释说，妇女"是实现全面粮食主权过程中的关键，因为是她们在负责孩子的营养和教育，所以她们发挥着重要的作用"。但她们应该得到帮助，应该更加自信，她们要相信自己有办法和能力，而且应该学会与当地政治家、媒体互动，维护自己的权益，拥有选择的机会。桑科领导的运动连接了100多个小型地方实体，她认为，"要成为一名女权主义者，就要为当地的社会公平正义而努力"。

近年来，妇女网络的规模越来越大，并且开始呼吁男性的加入，尤其是年轻男性。随着手机在非洲逐渐普及，许多年轻的农民不必前往其他城市或国家，可以就近组织小规模、联系密切的团体。伊丽莎白·德玛提斯（Elisabetta Demartis）出生在撒丁岛，但已在塞内加尔生活多年，她十分认可这种发展模式，并在当地启动了一个又一个项目，以支持通过手机终端所推动的农业举措。德玛提斯前往欧洲介绍她的项目时，我们与她见过几次面。她是一个充满感染力的年轻人，总是面带微笑，热情洋溢，语气坚定。几年前，她获得了欧洲新闻中心提供的基金，得以启动许多项目，这些项目旨在通过将农业和技术相结合，从而打造新的产业链、扩大就业机会以及保护当地作物和食品。

非洲的智能手机普及得非常快。2014年，也就是我们在非洲考察的时候，只有15%的人拥有智能手机，当时在农村地区便能够察觉到移动电话的引入正在改变人们的生活习惯。买一张电话卡比买一瓶水还要简单，每条路上都能买得到，而且费用很低，也不需要登记，只要把卡插入手机就可以连接和操作了。到2018年，这一比例已经翻了一番，现在整个非洲大陆使用手机的人口比例达到40%以上。据预测，到2025年，这一比例将超过50%，大部分区域都将覆盖3G网络服务。[①]我们在吉

---

① 参见 www.gsma.com/r/mobileeconomy/sub-saharan-africa/.

第五章 塞内加尔 西非种子展览会

米尼时就已经可以很明显地感受到智能手机使用的普遍性,也目睹了许多次新旧事物共存的情景:在同一棵猴面包树下,有三四个人来回走动,每个人都在打电话,与此同时有两三个妇女则头顶一桶水穿过田野,走向厨房。

在塞内加尔,现在移动电话客户的数量已经超过了总人口的数量。不算那些拥有一部以上手机的人,其覆盖率仍然很高。这是一场真正的革命,它意味着商品和农产品价格的信息可以通过手机传到各地,我们在埃塞俄比亚也感受到了这一点。不止如此,早在 2014 年,通过各种移动支付系统便可以在非洲进行手机支付,而当时这种支付方式在意大利仍处于起步状态。从家庭销售系统到汇集多个农村社区广播站的平台,德玛提斯主持的项目 Agritools[①] 旨在不断监测有助于发展塞内加尔农业的技术。德玛提斯与其他年轻的塞内加尔妇女共同启动的另一个项目是 Yeesal AgriHub[②],这是一个农业企业支持中心,为小型企业、农民以及创新型农民企业家的发展提供培训、联系和支持。训练有素、充满好奇心并渴望在动态的生态系统中进行实验与互动的非洲农民形象与欧洲人脑中对他们的刻板印象相去甚远。

尽管在非洲许多地区,特别是塞内加尔,许多人仍然处在

---

① 参见 www.agritools.org/.
② 参见 www.agritools.org/.

贫困的生存状态，但在这些项目中，他们从未持有等待和观望的态度，也没有把希望全部寄托在上面的援助和外部支持上。尽管我们遇到的农民大部分来自农村地区，不属于精英阶层，但他们没有局限于维持生计。相反，他们都坚持维护自己的立场，因为他们知道当地的发展在很大程度上受到国际商业和法规的影响。

在吉米尼，有很多关于国家法律和全球市场规则的讨论。例如，人们研究了 2001 年在罗马粮农组织签署并于 2004 年生效的《粮食和农业植物遗传资源国际条约》(PGRFA)[①]对非洲小农的意义。该条约是规范农业生物多样性的保护和可持续利用的主要文书，促进了遗传资源的获取和公平公正地分享其开发带来的利益。换句话说，该条约应该保护在选择种子方面发挥重要作用的农民，且应该为制定获取资源本身的多边系统提供指导。

该条约第 9 条着重于农民的权利，这个问题在吉米尼的杧果树下得到详细讨论，这也要归功于塞内加尔圣路易斯加斯顿-伯杰大学环境法专家帕佩·玛利沙·迪昂 (Pape Maïssa Dieng) 的贡献。他在 2016 年成立了生态党，将自己的承诺在政治层面上得到具体体现。

迪昂解释说，问题的关键是，农民"必须确切地了解如何

---

① 参见 www.fao.org/plant-treaty/en/.

提出他们的需求,如何利用该条约和《名古屋议定书》①以及所有关于遗传资源产权的国际法规行使他们的权利"。

漫长的会议讨论结束后,我们一边等待着去吃午饭,品尝弗朗西斯卡等人准备的各种异国风味,一边同迪昂聊了起来。他提到了问题的关键所在,也就是说农民协会还没有找到如何将这些权利进行体现的方案。他还说道:"非洲政府应该要求自己管理种子品种权,而且承认本地品种,这才是农村文化的基础。"

农民的权利问题,特别是种子库的监管问题,即使在2019年11月粮农组织召开委员会第八次会议讨论之后,在全球范围内仍未得到解决。

我们在意大利多次见到的农学家里卡多·博奇(Riccardo Bocci)在他担任科学协调人的农村种子网络②的网站上写道: "尽管该法律颁布已超过15年,但对农民的权利仍旧没有明确的定义,因此,各国也没有实施。也就是说,这方面的经验和良好做法已经有一段时间了,但发达国家仍旧选择忽略,没有在国际上制定有约束力的准则。"博奇解释说,问题在于,工业化

---

① 《名古屋议定书》与已经提到并在粮农组织签署的国际条约一样,涉及《国际生物多样性公约》(CBD)内的遗传资源管理,该公约在1992年里约会议上诞生。另一方面,《名古屋议定书》于2010年在日本签署,4年后经第50个签署国批准后生效。参见 www.cbd.int/abs/about/.

② 参见 www.semirurali.net/articoli/biodiversita-agricola-e-i-diritti-degli-agricoltori.

国家认为市场体系是唯一的参考体系，在这个体系中，农民应该购买由种子公司培育和提供的合格种子。相反，正如我们在埃塞俄比亚以及我们将在南非所发现的，"南方国家介绍了让农民参与品种创新的项目、种子屋和支持我们所说的非正式种子系统的倡议，并希望在国际和发展政策中得到尊重和认可"。

在吉米尼展会上达成了一项联合声明的协议。在展会的第三天，当太阳从大猴面包树后面缓缓落下时，这项协议经过大声宣读后得到了所有人的支持，然后，欢快的节日庆典拉开了序幕，所有与会者开始随着鼓点跳起了舞，直至深夜。

这份宣言经过整理后，在达喀尔举行的一场颇为正式的会议上交给了粮农组织。吉米尼展会上的农民和其他与会者的意愿十分明确，他们希望"捍卫他们在选择、交换、复制和繁殖当地种子的传统方式方面的知识和传统，以适应当地农业环境的多样性"。他们也希望"发展和组织充满活力、实现自我管理的种子网络，牢牢扎根于农村传统，并建立跨国和跨洲的联盟，且能够独立地进行知识交流、农业实践和保护生物多样性"。

第六章

印度尼西亚

寻找红米

第六章　印度尼西亚　寻找红米

　　Warung Mama 餐厅沿街是一条通向山丘的上坡路。下午这个时候，几米外的街道很安静，偶尔会有几辆摩托车和电动车路过，商店老板在整理着他们的商品，流浪狗在树荫下打瞌睡。从餐厅望出去的景色仿佛是一张明信片，远处的渔船在港口中摇摆不定，植物繁茂，风光旖旎。同我们坐在一起的年轻人指着远处那些迷人的小岛，告诉我们那些岛屿给位于弗洛勒斯岛西端的拉布安巴佐小镇带来了天翻地覆的变化。科莫多公园是一座国家公园，位于小异他群岛地区，在这里人们可以欣赏到独特而珍奇的科莫多巨蜥，它们身长可达 3 米、体重达 70 千克。1980 年，科莫多国家公园被联合国教科文组织列为世界遗产，随着近二十年来交通设施不断完善，游客开始大量涌入，给当地带来了经济、社会效益。

　　Warung Mama 餐厅的收银台旁边贴着一张写有"本店使用矿泉水制作冰块"的告示，以招徕西方顾客。但是这张告示所表现的不仅仅是吸引澳大利亚人、欧洲人和美国人走进餐厅，更是旅游经济的发展对当地环境造成深刻影响的一种体现。使

129

用跨国公司生产的瓶装矿泉水制作冰块与 Warung Mama 餐厅倡导的绿色环保鲜榨果汁理念不免有些背道而驰。

格里高利·阿菲玛（Gregorius Afioma）是当地的芒加莱语报刊的记者，但他英语说得很好，他向我们讲述了关于度假村和旅游业务的特许权的政治背景。如果一个外国人想在海滩上或某个热带小岛上建酒店，他所要做的就是找到相关的官员进行贿赂，从而获得许可。阿菲玛非常关注弗洛勒斯岛西部的发展，因为当地的政治家似乎只顾该地区的旅游开发和眼前的利益，却很少考虑可持续发展。该地区是备受外资青睐的投资热土，其运作在合法和非法之间实则并无精确边界。从他的叙述中我们感觉到政治关注的重点与民众的实际问题相去甚远。

但我们来到小异他群岛并不是为了探讨旅游业的弊端。我们决定来到这里是为了考察一种古老的红米品种，这一品种在当地农民的努力下正在重新回到当地市场。他们坚信红米可以成为一种至关重要的资源，帮助半个世纪以来被中央政府领导的工业化农业拖垮的成千上万的农民走出困境。兰博尔平原，距离拉布安巴佐的海岸仅有几小时的车程，是全新的、现代化的印度尼西亚农业的示范基地。20 世纪 60 年代和 70 年代之间，绿色革命在这里得到广泛实施，创新、研究和机械化相结合，以实现消除饥饿和贫困的目标。然而，今天，在这片土地上耕作的人正在担心他们的后代很快就会失去赖以生存的资源。

弗洛勒斯是一座狭长的岛屿，自东向西延伸，全长360千米，比印度尼西亚1.7万多个岛屿中最大的岛屿爪哇岛更接近澳大利亚的海岸。弗洛勒斯曾是葡萄牙的殖民地，其名字也源于此，2003年考古学家在这座岛上发现了古人类化石，因此将其称为弗洛勒斯人。

科莫多国家公园是岛屿上的著名景点，不过，当地的旅游业最近才发展起来。弗洛勒斯岛上主要居住着渔民和农民，我们的翻译博海尔托·贝克拉纳（Bohearto Berkelana），人称博伊，他来自拉布安巴佐省内陆的一个村庄，他说，"弗洛勒斯有20%的居民捕鱼，其他都是农民，靠土地为生"。然而，这种现状却被官方发展计划忽略。地方政府每年分配给农业的预算约为300亿卢布（200万欧元），其中包括各大机构的工资，因此几乎没有留下任何用于投资农业项目和基础设施的资金。

旅游部门的情况则有些不同，其年度预算是原来的两倍（约700亿卢比），博伊一边看着太阳渐渐落下海岸线一边说道："这些预算大部分只用于发展拉布安巴佐和岛上的几个地方。"

第二天，当我们到达伦博尔平原时，才真正意识到之前所说的交通基础设施薄弱和投资的问题。拉布安巴佐距离这里70千米，在几乎没有柏油路面的山路上行驶大约需要3小时，每年的季风都会重新吹出斜坡和弯道。越过山脉，进入平原，风景迥然不同。放眼望去,一片片的稻田里到处都能见到弯着腰、踩在过膝的泥里耕作的农民。水稻是这里最主要的粮食作物,在我们两个意大利人眼里,眼前的景色更让人联想起作为意大利水稻种植农业中心的洛梅利纳地区,而不是诗意的巴厘岛稻田。

20世纪60年代,随着印度尼西亚进入苏哈托统治下的新秩序,政府开始在全国范围内全力推行单一作物种植模式。你可以想象到一辆辆公务车载着视察的领导,比如某位外国部长或者潜在的投资者,前往参观印度尼西亚如何开展绿色革命,推进粮食系统转型。

1961年,殖民主义统治结束后,印度尼西亚政府开展了第一次全国人口普查,人口总数为9700万。今天,印度尼西亚的人口超过2.7亿,成为继中国、印度和美国之后世界第四人口大国。第二次世界大战结束之后的几十年里人口总数几乎翻了3倍,这与政府所推行的发展策略以及绿色革命密不可分。

国际社会承诺生产更多的粮食,以减少第三世界的饥饿人口数量。绿色革命始于洛克菲勒基金会扶持的墨西哥合作农业规划研究院,当时任研究员的美国农学家诺曼·布劳克(Norman Borlaug)开发了一种快速提高作物产量的方法,即使用最新的化学发明(肥料、杀虫剂和除草剂),以及农业机械化和现代高产种子。而同一时期成立的罗马俱乐部也对绿色革命

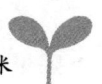

作出了有力的回应。该俱乐部是关于未来学研究的国际性非营利组织，聚合了全球顶尖的科学家和专家，其宗旨是探讨人口、资源与生态系统的关系，研究未来的科学技术革命对人类发展的影响。该组织在意大利罗马的山猫学院（Accademia dei Lincei）成立，目前总部设在瑞士温特图尔。

短短几十年内，虽然某些偏远地区可能仍有一些小范围的粮食短缺，但是农业产量的提高有效地帮助印度和墨西哥等国家摆脱了饥饿的威胁。通过化学肥料和机械化生产更多的食物似乎可以解决世界上的粮食短缺问题。布劳克因帮助克服全球饥荒于1970年获得诺贝尔和平奖。

哈吉·穆罕默德·苏哈托（Haji Mohammad Suharto）是印度尼西亚共和国第二任总统，1967年通过政变取代了开国总统苏加诺，出任印度尼西亚总统。苏哈托执政后明确提出积极发展现代农业。稻米是印度尼西亚最主要的粮食作物，1969年，苏哈托启动了一项五年计划，其雄心勃勃的目标是完全实现大米自给自足。

该计划主张集约化管理农业，由国家负责提供种子、化学品投入、耕作周期以及预期收获目标。每个村庄都会收到一种生产资源包，其中包括一定数量的水稻种子、适量的化肥和植物生长所需的农药。

绿色革命早期取得的成功与独裁统治促成了这项计划的实

施（苏哈托因政治危机被迫于 1998 年下台）。在这项计划中，农民被视为执行者，类似于国有农业工厂的"工人"，但完全忽视了农民世代相传的耕种知识。国际水稻研究所（International Rice Research Insititute，简称 IRRI）成立于菲律宾洛斯巴诺斯，推动了绿色革命的发展，该研究所选择的水稻品种取代了印尼当地的水稻品种。

——

本尼迪克特斯·潘布尔（Benedictus Pambur）的房子陈设十分简陋，几乎没有家具。我们走进客房时，家里的妇女和孩子们纷纷从后面的房间搬来塑料椅子让我们坐。潘布尔是伦博尔地区的一个农民，几年前决定不再坚持该地区和整个弗洛勒斯岛普遍存在的单一种植模式。

他从一个自幼在稻田长大的本地人的角度，向我们讲述了该地区过去半个世纪所经历的变化。潘布尔说道，伦博尔平原以前绝对不是像我们眼前这样平整开阔。这里河流密布，经过农民精心平整后，地势更加平坦，更加适合种植水稻，使用政府提供的工业化种子能够获得更高的收成。潘布尔还说，仅在几十年前，这里有洼地、人工梯田和多种多样的地貌景观，而今天这些都只保留在少数群体的记忆中。

咖啡端上来时，我们正在阴凉处聊着天。按照当地习俗，接待客人并为其提供咖啡，意味着客人受到欢迎，甚至被看作

第六章 印度尼西亚 寻找红米

大家庭的一员。咖啡的味道香醇浓厚，回味悠长。它的制备方法很简单，像土耳其咖啡一样，用水冲泡而成，但其特别之处在于咖啡豆。我们所喝的便是麝香猫咖啡，又称猫屎咖啡，其价格昂贵，且加工过程十分奇妙。咖啡豆经过麝香猫食用并在其胃里完成发酵后去壳，由于咖啡豆不能被消化，会被原封不动地排泄出来，经过清洗、烘焙后就成了麝香猫咖啡。这种咖啡豆的香气明显偏甜，口感丰厚，并带有强烈的巧克力味道。

就在这时，潘布尔的朋友阿文提努斯·图鲁（Aventinus Turu）也加入了我们的行列。他们二人共同成立了伦博尔平原农民联盟协会（Aliansi Petani Lembor，简称 APEL），汇集了 50 多个家庭。潘布尔说："我们很担心下一代，因为这几年来，伦博尔的田地产量一直在下降，我们也不知道以后是否会有足够的粮食来养活所有人。"

20 世纪 70 年代初，印度尼西亚稻田每年每公顷的产量达到 1 吨以上。绿色革命虽然没有使产量达到预期的每公顷 9—10 吨，但产量仍增加了 4 倍。这些努力在 80 年代中期取得了显著的成效，1984 年印度尼西亚终于停止了从国外进口大米，实现了 2 亿人的粮食自给自足。

20 世纪 90 年代，印度尼西亚政府减少了化学农药的使用，开始引入更加现代、高度可持续性的虫害、疾病和杂草治理系统，即所谓的综合虫害管理系统。自 1990 年起，政府取消了杀虫剂的补贴。

但这种成效并没有无限期地持续下去，因为在对绿色革命进行政治宣传的同时，印度尼西亚的人口持续增长，粮食产量却意外地开始下降。一项调查显示，在该国拥有1.5亿人口的爪哇岛，水稻产量明显下降，而苏哈托的下台使农业问题日益严重。结果便是2009年印度尼西亚进口了24.7万吨大米。这一数字在第二年上升到62.7万吨，专家认为这种情况已经"威胁到国家的粮食安全"。

潘布尔还说："伦博尔平原已经病入膏肓，我们的土地需要治疗。"传统的单一作物种植已经无法实现绿色革命追求的收成目标，而且土地需要的化学投入也在不断增加。

人们担心，在不久的将来这种"疾病"将无法治愈。那么，为什么伦博尔和弗洛勒斯地区的农民以及正在面临土地退化的人们还没有作出回应？他们为什么不去农业局抗议？

我们从世界其他地方的所见所闻中也察觉到，只用两代人的时间就可以让几代农民所掌握的种植水稻的传统知识完全或部分丧失。潘布尔说，在伦博尔地区，"一些农民相信每公顷产量可以达到5吨以上，如果确实如此，那么政府何必以低价向农民分发越南或泰国大米呢"。

近年来，很多领域都出现了批评绿色革命的声音。受到质疑的不是减少饥饿所取得的成果，而是在帮助有需要的贫穷国家过程中采用的家长式做法。而且这种援助也产生了四五十年前可能无法预见的后果。

印度主流生态学家迪贝尔·戴博（Debal Deb）也持有同样的观点，他曾在新加坡和加州大学伯克利分校学习，他收集地方品种，并分享给农民使用，借此挽救正在消失的生物多样性。在出发去印尼之前，我们在意大利采访过他，而此时此刻我们又想起了与他的对话，这与潘布尔所讲述的"生病的土地"如出一辙。

在帕尔马举行的传统食品和文化节（Kuminda）期间，戴博对我们说道，"绿色革命最初成功的原因之一是通过发展灌溉农业增加农业产量"。

目前，戴博在印度东海岸的奥里萨邦与农学家和当地农民一起工作。他们在内陆的一个小村庄拉耶加达（Rayaganda）建立了一个试验农场，收集了1000多种不同的水稻品种。他们的发展理念是组织当地社区共同找到可持续发展的农业生产系统。他说："农业集约化可以提高土地利用率，达到一年二熟或三熟，但会导致用水量的增加以及地下水被砷和农药污染。"

戴博还关注到绿色革命的技术带来的其他负面影响。工业化农业主要注重提高作物产量，而忽视品种的其他特性。例如抗旱性，在全球某些地区，由于气候变化，作物的抗旱性变得越来越迫切。此外，鉴于海平面上升导致海水渗入地下水，因此抗盐性也是不可忽视的重要特性。戴博说:"单一种植的高产品种独霸多数农田,使得农民栽种的许多地方品种消失了。经过大约 20 年的积累,我们收集了具有抗旱性和抗盐性的品种,以恢复传统地方品种。"

我们来到了伦博尔平原农民联盟协会的秘书阿文提努斯·图鲁的家,希望此行能够有助于我们了解当地家庭农场在绿色革命之前应该有的样子。他们家与潘布尔家以及村庄里的其他房子迥然不同。图鲁的家是一座低矮的房子,由石头和混凝土制成,被周围的果树遮得严严实实,从路上几乎看不到。房子前面有一个用栅栏围起来的小花园,非常简单,没有草,鲜红色的土壤在雨后变得有些泥泞。房子后面有一个农家小院。屋檐可供小动物们避雨,后面还有一个存放水果的小仓库。女人们在为晚餐准备蔬菜,孩子们好奇地看着我们,小鸡在院子里踱来踱去。房子周围全部是一块块绿油油的农田,之后我们才了解到那里就是图鲁的农田。

他说:"来吧,过来看看我的菜园。"从他的笑容中便可看出那种耕种土地、养活家庭的成就感与自豪感。图鲁实行的是传统的自给自足的农业,在绿色革命之前,这种农业在岛上很普遍,人们将许多不同的作物种植在一起。在他房子周围不到一公顷的园子里,种着玉米、木薯、比我们还高的木瓜、非常辣的鸟眼辣椒和高粱。他还说道:"需要吃什么,直接出门到园子

第六章 印度尼西亚 寻找红米

里采摘就可以了。"

看似杂乱无章，实际上却是有规律可循的。图鲁的菜园没有成片种植单一作物，而是采用混合种植的方式，确保每一种作物都能从其他作物获益。不同作物之间保持最小的距离，以确保作物都有充分的水和阳光，根据以往的耕种经验，有些作物不能在一起生长，需要分开种植。图鲁说："木薯之间的理想间距是 1.5 米，而玉米的理想间距是 80 厘米。"这些间距规则并不统一，但比较适合他的土壤，因为图鲁对自己的土地了如指掌。因此，农耕知识的掌握成为每一季丰收的关键因素。

但是大米种在哪里？我们见到了图鲁和家人耕种的这些作物，却不见日常主食的踪影。大米自然是必不可少的，却完全出乎我们的意料。图鲁种植的水稻是当地的红米品种，称为 mawo laka，其特点是可以在无水源条件的旱地直接栽种。这种水稻因其节水抗旱的特点深受弗洛勒斯农户的欢迎。在使用工业化种子之前，当地农民在自己的地里种植生活所需的作物，就像图鲁现在这样。

如果要找一个词来描述图鲁的菜园，我觉得应该是弹性。他每个年份都会根据天气种植不同的作物，包括粗杂粮，以确保每个地块都能有好的收成。如果降雨量太少，果树就会减产，而旱地栽培的水稻和秋葵则能获得一定的产量。相反，如果大量降水，有些作物就会受到影响，另一些作物则会受益，无论如何图鲁一家都能收获一定的食物。每种作物在不同的时间成熟，所以全年都能享用园子里的果实。

当然，选择这种种植方式也存在一些弊端，例如无法达到农业机械化。这种模式也不适合发展工业化农业和纬度线特色农业，但是面对令人担忧的未来前景，许多伦博尔平原农民联盟协会的成员都认为通过这种模式能够实现自给自足。

图鲁和潘布尔说，要说服其他人从正在面临减产的高产高效农业转向传统农业，将自己的土地变成一个小型的有机菜园，并非易事。伦博尔平原农民联盟协会所提出的是对习惯的彻底改变。今天伦博尔推行的主要经济策略是尽可能多地生产大米，除了满足家庭的日常所需，还可将剩余的大米卖掉用于购买其他生活用品，但是蔬菜和部分家禽肉蛋可以实现自给自足。

我们离开伦博尔时，看到了在同一地区实行的两种完全不同的农业模式：一种与国家基本上公开支持的市场经济紧密相关；另一种则是旨在恢复避免永久失传的传统知识和品种。潘布尔说，伦博尔平原农民联盟协会对伦博尔未来粮食安全有着重要意义。但要实现农业模式的转变，至少对于自给自足的农民来说，需要恢复传统品种，如我们在图鲁的菜园里看到的红米，以及提高农民的技术知识。非政府组织正义与和平太阳精神（Sunspirit for Justice and Peace）设在距离拉布安巴佐不远的巴库佩杜里，该组织正在致力于促进这种模式的发展。

第六章 印度尼西亚 寻找红米

———

汽车离开大路，穿过一条小路，然后进入院子。汽车熄火后，几个人从主楼里走了出来。他们穿上鞋子，来到停车的地方欢迎我们。妇女们站在后面，带着好奇而羞涩的目光看着我们。两个男子穿着鲜艳的衣服，头上缠着五颜六色的裹头巾。其中一个人手里拿着一瓶刚打开的啤酒；另一个人则握着一只正在动来动去的活鸡。我们的翻译博伊说他们是前来欢迎我们的。

我们站在那里像两个代表团会面一样，场面有些尴尬，过了几秒钟一位年长的人开始发言。他作为该组织的主任欢迎我们前来考察。然后他们请我们收下啤酒和活鸡。经过一番迟疑，我们意识到自己必须接下这些见面礼。我们的翻译博伊是这里少数信奉伊斯兰教的人，他提到基督教圣徒和穆斯林先知，但我们并不理解他向我们翻译的内容。一是因为对博伊来说，很难将此刻的接待礼仪翻译出来；二是因为我们此刻的注意力主要集中在手里的活鸡上，我们担心它会飞走……

最后，我们也对他们的款待表示感谢，但是我们肯定没有他们表现得那么自然大方。仪式结束后，大家一起喝起了啤酒，却发现我们刚才递给博伊的鸡不见了。后来我们才知道那只鸡就是我们的晚餐。请客人喝啤酒、吃鸡肉是当地人接待重要宾客的礼节。所幸博伊因宗教的理由不能吃鸡肉，因此也解决了我们的大难题。因为按照当地的传统，应由客人亲自杀鸡，然后把鸡交给女主人烹制。

在巴库佩杜里的非政府组织总部，欢迎我们的人是该组织的主任马里亚努斯·努汉（Marianus Nuhan），大家都叫他瑞恩。他告诉我们，该组织创立于2005年，但原来的总部离这里很远。2004年12月26日，印度尼西亚最西边的苏门答腊岛遭到海啸的破坏性侵袭。该组织的成立是为了帮助重建受灾最为严重的亚齐省。

该组织之后的活动主要集中在农村地区的经济和技术困难上。目前，在国际组织的支持下，该组织参与了当地谷物品种的农艺研究项目，旨在为尝试改变耕作模式的农民组织培训课程。正如瑞恩所说的那样，"我们正在努力提高批判性思维"，因为这种思维在漫长的几十年的国家援助中已经消失殆尽。

是他们发现了弗洛勒斯几近灭绝的红米。瑞恩说："研究表明，共有四个本地红米品种。然而，到目前为止，只发现了两个。第一种被称为"普通红米"，而第二种，对西方人来说可能有些奇怪，被称为"黏米"。黏米煮熟后黏性较大，比普通大米更适合做一些特定的食物。

这两个红米品种的淀粉含量不同，成熟时间不同，生长环境的土壤特征也略有不同。瑞恩指着非政府组织总部后面的盆地说："例如，这里只种植了普通水稻。"现在植株已经很高了，但还没有成熟。黏米种植在这里就不会有同样的产量。

第六章 印度尼西亚 寻找红米

除水稻外，该组织迄今已收集了 15 种典型的弗洛勒斯当地谷物品种，并将它们储存在一栋小建筑里的种子库中。种子库里，沿着墙壁安装的架子上，排列着一排储存着种子的塑料瓶。该组织的工作人员弗朗西斯卡·迈拉·杰马尼（Fransiska Maïla Jemani）告诉我们，种子库虽然设施简陋，却十分有效。

随着雨季的到来，地面变得越来越泥泞，杰马尼光着脚边走边说："种子库的运营就像一个合作社，所有与我们合作的农民都可以免费申请种子，在他们自己的土地上种植，收获后他们需要向种子库归还相同数量的种子。"通过这种方式，种子库经受住了时间的考验，并能确保种子供应。这种运营模式同我们几个月前考察过的埃塞俄比亚的咖法地区一样。

为了确保种子健康，根据尼古拉·瓦维洛夫提出的且目前适用于世界上大多数种子库的方法，杰马尼将部分收集的种子保存在种子库里，另一部分则以活体形式保存在田间。她说："首先必须通过苗床进行育苗。"他们将种子种在小棚子里的花盆中；等植物茁壮成长且状态良好时，再移植到园子里。

如果想要繁殖一个种子数量很少的品种时，这个程序就显得尤其重要，红米就属于这种情况。红米是从弗洛勒斯岛荒废的田野里发现的，并且经过了当地农民的证实。找到一定数量的红米种子以后，就将其种植到苗圃里开始再次繁殖，最后移植到农田里。正如萨尔瓦托雷·塞卡雷利（Salvatore Ceccarelli）

所说的那样，这也是保持种子库中种子活力的基本做法。

———

弗朗西斯库斯·马内克（Fransiskus Manek）来自小异他群岛中最大的岛屿帝汶岛。几十年来该岛政治局势动荡，冲突不断。自20世纪90年代末以来，帝汶岛被正式划分为印度尼西亚的东努沙登加拉省和独立的东帝汶民主共和国，但岛上仍存在许多不稳定因素。

多年前马内克来到弗洛勒斯的神学院学习。他当时想成为一名基督教牧师，但后来感觉到一种来自土地的呼唤，于是他加入该组织开始学习农耕知识。在耕作的同时，他亲身体会到潘布尔和伦博尔平原农民联盟协会的分析的正确性。他现在的目标已经不再是劝说人们皈依基督教，而是让农民接受不同的耕作模式。离开老路，不拘泥于眼前得失，开创一条可持续发展的新路，保障未来几代人的粮食安全。

马内克带我们去参观离巴库佩杜里不远的一片稻田。他代替组织管理的红米稻田与其他家庭种植白色稻米的田地接壤。我们站在田埂上聊天时，看到远处有些农民在农田里干活。现在是白米的收割季节，而红米仍需等待几周。收割的关键是速度。一公顷水稻，需要8个人花一天时间才能收割完，如果家庭成员不够，就得花钱雇人帮忙。男人的日工资是6.5万卢比，女人的日工资则是3.5万卢比，近两倍的差别。马内克解释说:"这个价格不包括餐费,如果自己不带餐,雇主则从这个费用里面扣除餐费。"鉴于这种较大的价格差异,所以田里收割的人大部分都是女性也就不足为奇了。

马内克说,这些稻田平均每公顷收获3—4吨大米,市场价格约为每千克1万卢比,大约相当于65欧分。因此,收割的大米价值2000—2500欧元。好的年份有三次收成,每公顷土地上种植的白色稻米意味着每年约7000欧元的收入,但还需要从中扣除购买种子、农药和肥料,以及雇工的费用。

正义与和平太阳精神组织没有采用这种模式,他们提出了有机田间管理和种植红米。一方面,有机种植可以取消相当一部分化学品投入的开支;另一方面,红米在市场上更有价值,价格大约高出白米50%。这意味着每千克红米约1.5万卢比,换算成收成的话,在同样的产量下,可以达到3000—4000欧元之间。即使每年二熟,也意味着能与采用传统种植方法的人赚取大致相同的金额,但这两种模式却有着本质的区别。

首先是避免了潘布尔所说的对土壤的过度开发。其次是不必购买种子,可以通过每次收获的作物储存种子,农民不必依赖政府或其他种子公司。农民可以重新掌握自己的命运,他们不再是20世纪六七十年代绿色革命和生产资源包支配下的粮食搬运工了。

但是,仅仅靠这些数字还不足以说服农民改变自己的生产模式。马内克本人也是一名农民,他非常清楚地知道具体障碍究竟是什么。他并不否认有机耕作意味着农民会更加辛苦。"有的农民很难理解稻田里杂草丛生的时候,我们为什么不使用除草剂。他们认为,使用除草剂并不会杀死水稻"。这个例子可以充分说明农业中的许多问题可以通过增加化学产品的剂量来解决问题。但这恰恰与伦博尔平原农民联盟协会和正义与和平太阳精神组织所秉持的理念背道而驰。

在不同国家考察时,我们不断意识到的另一个问题是传统知识的流失。"我们已经恢复了一种古老的授粉形式,"马内克解释说,"就是使用摩尔。"摩尔是一种通过发酵水果和叶子的混合物来制备的堆肥。"我们在培训课堂上谈论这个问题时,农民会询问他们能否自己动手制备",以及为什么不选择直接从农药商店购买化学肥料。其实堆肥是一种古老的制造肥料的方法,几个世纪以来也许摩尔的制备过程发生了或多或少的变化,但始终存在于弗洛勒斯当地农业生产中。

就在我们聊着天的时候,太阳快要落山了,田里的农民也准备回家了。看来我们也得回到巴库佩杜里,然后到拉布安巴佐过夜。马内克与许多农妇攀谈起来,他们激烈地争论着最佳收获时间是什么时候。可以看出,他们的意见并不一致。但这也与降雨有着直接的关系,或许在接下来的几天里需要再进行一次调查,也可以先去问问杰马尼和瑞安。在考察过程中,我们感受到他们付出了巨大的努力，他们想把自己的技术发挥到极致，向巴库佩杜里、伦博尔和整个弗洛勒斯的农民证明这条路是可行的，农民可以独立并掌握自己的命运，可以跟随潘布尔、瑞安、杰马尼、图鲁和有着这种理念的人一起走，过上利润丰厚、更持久、更有尊严的生活。要做到这一点，从农艺科学到传统知识，需要每个人的贡献，每个人都是不可或缺的。

天色渐黑，载我们去乡下的吉普车不得不提前返回，我们也像许多当地人一样搭上了一辆皮卡。莫伊和马内克轻车熟路地跳上了货箱，而妇女们更喜欢步行，她们就住在不远处的村庄里。但我们却没有他们那么身手矫捷，我们不是跳上去的，而是像穿着潜水服一般笨拙地爬上去。还没来得及在货厢里坐稳，随着一声喇叭响起，皮卡就出发了。

车子在不平坦的道路上颠簸，我们一边用力抓着护栏抓到手疼，一边继续与马内克说话。他的培训课程几年后就会结束，那时他将回到东帝汶。"我也想在我的祖国开设一个像巴库佩杜里一样的中心。我想帮助东帝汶的农民争取一个更好的、经济上更有保障的未来"，他的目光充满了坚定。那你不会想念这里吗？不会想念弗洛勒斯吗？"肯定会想的……我会怀念我耕种过、收获稻米的田地……我会把红米种子带走！"就这样，在农业千年的发展历史上，人类将再一次穿越海洋带着种子到另一座岛屿上。

第七章

美　国

乡村和城市的艺术与美食

第七章 美国 乡村和城市的艺术与美食

回归土地并不总是出于生存压力或热爱自然,有时,只是为了找到更具创造性和艺术性的空间。回归被认为是一种应对压力过大、成本过高、在职场以外没有任何发展空间的生活的解药。对于当代美国文化来说,这可能比其他国家更加常见。在美国,金钱是衡量一切的标准,和陌生人聊天,人们常常用你是做什么工作这样的问题来展开话题,你的收入、你住在哪个社区、你的孩子在哪里上学都是评判你的重要指标,因此出于这些原因人们想要选择一种更具可持续性的生活,与生活建立一种新的关系。

"9·11"恐怖袭击事件之后,许多人从纽约逃到了纽约上州,居住在景色迷人的哈得孙山谷和森林里。纽约上州原为印第安人居住,后来先后被荷兰殖民者和英国殖民者占领。那里没有都市高层混凝土建筑,森林里蕴藏着许多生物资源和自然资源。

于是,在一个秋天的周末,我们决定开车前往那里。我们行驶了2小时,在87号公路北段,经过新泽西州后抵达哈得孙山谷。该地区围绕着哈得孙蜿蜒支流,被称为朗杜特山谷。

这里与亚平宁山脉、法国腹地的某些农村地区或加利福尼亚的丘陵和森林不同,这里没有所谓的富人别墅。在这个山谷里,近二十年来搬来许多城市居民,他们跟世世代代与这片土地打交道的人们和谐共存。在与他们聊天的过程中我们了解到,他们还带来了一些城市的氛围和文化。一些农民将农业与各种艺术活动相结合,组织起许多活动、节日以及市场。

我们在南希·奥斯特罗夫斯基（Nancy Ostrovsky）的房子里住了一晚,她是一位将绘画和音乐融合的现场表演艺术家,网上也有许多她的表演视频。南希出生在北非,但在亚洲生活多年后移民到美国,她和她的男友保罗一起,靠双手一点一点地建造了这座木屋。这座房子既是住宅,又是她的工作室和陈列作品的展厅。南希家的门永远敞开着,每个人都可以自由出入,房子外边有一个舒适的花园,客人可以坐在绿植之间阅读、烧烤。在离房子不远的地方,沿着一条小溪,南希和保罗在一个树木茂密的河边开辟出他们所谓的海滩——布德尔洞。

南希的房子是一个非常随意的地方,带有当地淳朴热情的风格,这里欢迎每一个经过的人。扩建在花园里的房间和附属建筑都是木头结构,房间通过爱彼迎（Airbnb）平台出租。正如保罗所说,他们喜欢这个远离都市的地方,这里吸引着热爱自然和厌倦城市节奏的人们,但像他们这样的小民宿只有通过互

第七章 美国 乡村和城市的艺术与美食

联网才能得以持续发展,并给他们带来一定的收入。他笑着补充道,互联网虽然存在风险,但也隐藏着机会。我们只想远离喧嚣,但并不想与世隔绝。

我们在 9 月的一个星期六到达阿克德,随着秋天的到来,树叶刚刚开始变色。我们想找一家咖啡馆吃早餐,但小镇中心的咖啡馆都关门了,而"欢迎来到成立于 1703 年的历史小镇阿克德"的牌子倒是比比皆是。我们只好回到车上,又开了几千米的路程。

之后,我们终于找到一家正在营业的咖啡馆,老板莉迪亚说,"两周后这里的景色会更美"。莉迪亚咖啡馆以老板的名字命名,整体结构都是由木头制成,入口的木门很低,咖啡馆外面有一片巨大的户外空地。菜单上不但有典型的美国食物,从鸡蛋和培根到烤面包和松饼,再到汉堡包,也有咖喱汤,当晚还会有印度主题的晚餐,以及音乐表演和舞蹈。这里虽然并不像距离 2 小时路程以外的大都市那样文化多元,但仍有其多元化的一面。正是出于这些原因,阿克德和周边地区强烈吸引着想要逃离快节奏都市生活的人们。虽然登记在册的当地居民人数才 600 多人,但他们说周末的时候会有很多人来这里,许多第二套住房的主人也会来这里过周末。

我们漫步在树林中,笔直的道路上点缀着几个信箱,就像迪士尼动画中的一样。下午 2 点,我们抵达了哈得孙种子公司,该公司的总部是一座被树木环绕的两层木屋。道格拉斯·穆勒（Douglas Muller）与合伙人凯文·格林（Kevin Greene）大约在10年前一起创办了这家公司。公司发展至今，穆勒已经成为业内的资深人士，40岁的他已经过了申请美国农业部对新农民资助的资格。他告诉我们，公司需要不断创新，才能在没有任何公共财政支持的情况下保持自己的市场地位。

　　穆勒看起来有些独具一格。从外观来看，他不像一个典型的农民：没有粗糙而沧桑的双手，外表比实际年龄还要年轻，跟都市青年没有什么不同。他说："现在有很多人觉得热爱园艺是一件理所当然的事情，这很不可思议。我一直很喜欢播种，喜欢种菜园，但我以前都是秘密进行的，因为学校里的朋友都认为这个爱好很奇葩。"穆勒毕业于哈佛大学的比较文学专业。前段时间他回到哈佛时，惊讶地发现有一群学生在维护着一个公共菜园。在他上学的时代这是无法想象的事情。

　　哈得孙种子公司的历史起源于一个非常原始的实验。2003年，凯文·格林在同样位于纽约州的加德纳市担任图书馆管理员。他对可持续发展问题和饮食文化非常感兴趣，所以决定尝试开设一个小型公共种子图书馆。图书馆前面有一小块土地，格林在那里种植了当地不同品种的植物。他将收集到的种子借给图书馆的用户，用户第二年收成后再还回种子。这是全国范围内第一个此类的种子实验，如今在美国已经发展出400多家种子图书馆。"显然,"穆勒说,"这个想法很有创意,很快就流行到了全国。"

格林和穆勒是在佛蒙特州的一次冥想会上认识的。当时,穆勒在佛罗里达州的一所学校教英语,但是他想回到自己的大州当农民。这次偶遇促使他们将各自的爱好转化为一个共同的项目,而且他们很快便意识到,如果想把这项业务持续经营下去,就不能束缚在图书馆这样一个完全非营利的项目上。于是他们开拓了销售种子的业务。当地的种子来自世代种植的地区,经过有机认证,杂交授粉,而不是像传统种子公司销售的F1[①]杂交品种。他们首先在大约8000平方米的土地上开始生产,然后是1.6万平方米,现在他们计划增加播种面积,达到3公顷以上。

穆勒同我们走在他们的田里,边走边向我们展示他们的花园,里面种有15—20个不同品种的大丽花,有大的,有小的,有的花瓣像流苏一样薄,还有的花瓣是圆形的,像一个完美的几何图案。

橙色、暗红色、多色和单色的大丽花绚丽缤纷。花园里也

---

① "开放授粉"是指种子通过鸟类、昆虫或风自然授粉(也可以由人手动授粉)。子代植物与亲代植物几乎完全相同,而且基因稳定。杂交种子则不然,杂交是通过不同品种相互杂交产生的,往往是手工完成的,因此在第一代子代中非常有活力,但在随后的子代中却不稳定。除常规农业之外,古老品种的种子通常为开放授粉。

种有其他花卉，其中一些会结出种子，穆勒他们会将不同的种子混合，起一些有趣的名字，例如夜来香、蝴蝶、永生花等，然后出售。鲜花是哈得孙种子公司的主要产品之一，但公司并不出售鲜花，而是将鲜花晒干后取出种子。除了花卉之外，还有园艺植物：茄子、西红柿、胡萝卜、洋葱和大蒜，其中大象蒜头是这里最受欢迎的产品之一。

公司有些品种是由纽约州公立大学的遗传改良计划开发的。其中包括康奈尔大学，该校是美国东海岸所有农艺研究的重要基地。格林和穆勒与康奈尔大学合作，实地测试各种植物。穆勒补充道："大学所做的品种改良和开发计划非常少，我们很重视这些属于大家的传统品种，并将其纳入我们的产品中，使人们意识到大学在维护公共遗传资源方面所做的工作的重要性。"

康奈尔大学位于美国纽约州伊萨卡。尼古拉·瓦维洛夫于1932年抵达那里，以副主席的身份出席第六届国际遗传学会议。在前一年瓦维洛夫被接纳为会员，他不仅积极参加了会议的组织工作，还利用在墨西哥和南美的一次考察继续留在美洲。

人们对苏联科学界的信任度越来越低，因此要获得美国和所有其他国家的签证并不容易。作为苏联科学界代表的瓦维洛夫时常被视为政治人物，甚至被披上了间谍的外衣。在旅行途

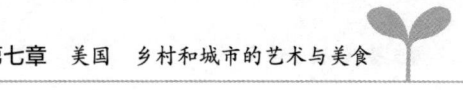

第七章 美国 乡村和城市的艺术与美食

中,瓦维洛夫意识到自己在墨西哥不受欢迎,甚至还被逮捕过,但不久之后又被释放。

尽管如此,这位苏联遗传学家对这次考察仍非常满意。1929年大萧条爆发,一些国家曾试图推迟这次世界会议,但后来成功举办并成为总结遗传知识的一次特殊会议。正如瓦维洛夫在日记中所写的那样,这次会议取得了许多务实的成果。会上就约70种植物和26种动物进行数据、展品介绍,体现出实地研究的活力。瓦维洛夫指出,在这次会议上大放异彩的作物是玉米。瓦维洛夫提到了芭芭拉·麦克林托克(Barbara McClintock)的杰出工作以及她在提出"原始染色体图谱"①方面所起到的关键作用。

此外,瓦维洛夫还自豪地指出,苏联代表团给人们留下了深刻印象,因为他们展示出玉米物种的巨大多样性及其在中美洲的起源,这主要归功于他在前两年的考察中收集的标本。

哈得孙种子公司的种子在大温室里进行干燥,该温室的下面曾经是游泳池。当发现我们正目不转睛地盯着眼前这蓝色游泳池时,穆勒说:"我们买下这块地时,其实可以翻新游泳池,

---

① 芭芭拉·麦克林托克(1902—1992)对玉米染色体进行了长期的研究,早在1931年就发表了一篇科学文章,证明基因重组是由同源染色体部分的物理位移引起的。今天,能够在染色体内改变位置的"控制基因"被称为转座子。

但翻新的费用大约为 8 万美元。所以我们就将游泳池转化为干燥温室的基地。这里能够有效地保护干燥的种子不受潮。"

种子收集后会被储存在冷库中。这里的温度不像我们在俄罗斯或埃塞俄比亚参观的真正的种子库那样低。这里收集的种子需要保存几个季节，每年要将种子种植到田里两次，以检查种子是否仍有活力，是否失去其特性。

一开始，穆勒和格林在周边地区的农贸市场出售他们的种子。"但我们很快就意识到，"穆勒继续说，"如果公司想持续发展，就必须找出精准的客户群体。人们去农贸市场购买蔬菜、面包和其他食物，而不是去购买种子、球茎或幼苗来种植。"于是，穆勒和格林开始通过参加交易会，加入园艺及园艺爱好者团体以拓展销售渠道。

他们也试图提高公司种子的辨识度。因此诞生了公司的种子艺术包：种子包的包装非常新颖，外观是四叶草的形状，也是意大利和西班牙几个世纪以来用于建筑装饰的传统形状。种子包看起来像一个普通的方形包装，但打开后形状像四叶草，一侧是种子信息，另一侧则为装饰图案。从推出艺术包的第一年起，穆勒和格林就请不同的艺术家为其绘制插图。多年来，哈得孙种子公司已经生产了 150 多种不同的艺术包。穆勒说："客户非常喜欢。这种艺术包不仅仅是种子包，里面还有与种子相关的故事、传统文化和价值。"

第七章 美国 乡村和城市的艺术与美食

这个卖点取得了巨大成功,并帮助哈得孙种子公司在市场上获得一席之地。客户购买这些种子包或是受到包装的艺术价值吸引,或是认可公司所传达的那种恢复有可能消失的品种的可持续性理念,使这些植物成为该地区历史的一部分。许多人购买种子包作为礼物,尤其是秋季至圣诞节期间更是公司的销售高峰期。

穆勒认为,这种营销模式也有一个弊端,艺术包很难获得传统农民的认可。他们认为这种艺术包只是一种宣传的噱头,甚至有些华而不实,因此对之的信任并不高。但这些农民也是公司的潜在客户群体,因此公司多年来一直努力提供包含更多种子数量、外观更为传统的包装,以及一系列其他服务,如销售工具、手册和书籍、越来越多的园艺和观赏性品种。公司注重提高产品质量,随着时间的推移,终于在更传统的地区主流农业市场上有了立足之地。有机农业在世界范围内掀起了发展的浪潮,对于哈得孙种子公司来说是一个积极的信号,同时也促进了该行业的增长态势,面临的竞争也日益激烈。其中最主要的便是电子商务,线上已经成为种子公司的主要市场。

——

在我们看来,穆勒和格林的核心理念在于开展新的农业生产模式,在保持公司市场地位的同时,不放弃自己所坚持的原则。这也是我们采访过的许多人倡导的新饮食运动的理念。在过去的十年里，有越来越多的公司、出版界、协会和业内人士呼吁公众选择更加健康的膳食结构（垃圾食品相关疾病致死人数增多，尤其是美国），推崇可持续的农业体系，从工业化农业向更加绿色的农业经济转型。充满好奇心和积极性的农民自主选择了这份职业，而不是简单地继承祖辈的衣钵。他们将土地与道德、社会和文化层面联系起来，所以很难接受典型的工业化农业生产模式。严谨的消费者、提倡健康食品的教师，以及精心挑选本地食材的厨师等，都是饮食运动参与者。

美国各地都有非常活跃的农村和城市网络，从"食品智库"（Food Tank）[1]到"国家农场至学校网络机构"（National Farm to School Network）[2]；从"食品与环境报告网络"（Food and Environment Reporting Network）[3]到非营利组织"民事饮食"（Civil Eats）[4]，都认为农业不仅是一条单纯的产业链，更与人类生活各个方面有着紧密的联系。许多公立大学的研究人员、农学家和遗传学家也是这一运动的参与者，长期以来他们

---

[1] 食品智库由丹妮尔·尼琳伯格（Danielle Nierenberg）于2013年创立，在美国和全球范围内协调和连接数百个组织，主要倡导对粮食系统进行改革：foodtank.com。

[2] 该机构旨在改善美国学校数百万学生的营养状况，并为学校与当地农业生产者建立直接联系：farmtoschool.org。

[3] 该组织是致力于环境和食品生产领域的独立记者团体：thefern.org。

[4] 该组织于十年前由纳奥米·斯塔克曼（Naomi Starkman）创立，提供关于美国食品系统的最新信息，主要关注可持续创新方面的报道：civilats.com。

第七章　美国　乡村和城市的艺术与美食

对农业生物多样性的逐步减少、农业遗传资源的强制私有化以及少数跨国公司对种子的全球控制表示深切担忧。

几年前，我们也曾对种子市场进行过调查，这个项目得到了欧洲新闻中心的资助，并发表了 Seed Control（《控制种子》）①一文，其数据由密歇根州立大学农村系统专家菲尔·霍华德（Phil Howard）②提供。20 年来菲尔·霍华德一直孜孜不倦地监测世界各地食品领域的跨国企业对中小型企业的收购状况。这一逐步整合的过程其实是在促进资产和资本的集中。2016 年之后，世界种业经历了第三次全球种业大并购，即德国制药与农化巨头拜耳公司收购美国农业生物技术巨头孟山都，中国化工集团收购瑞士先正达，美国两大化工巨头陶氏化学和杜邦合并。今天，全球种子市场 60% 的份额由这三大种业公司控制。霍华德持续关注种子和食品市场的数据，研究并购对创新、科研以及遗传资源的多样性所产生的负面影响。他的科研文章已成为了解工业化农业整合过程以及这些过程对整个食品系统的影响的最佳参考。针对种业公司集中度的不断增强，一些人正在采取积极的应对措施。

---

① 该调查报告被刊登在多家国际媒体上，如意大利《新闻报》（*La Stampa*）、《南非赫芬顿邮报》（*Huffington Post South Africa*）以及西班牙网媒 Eldiario.es。完整版可参见 seedcontrol.eu。

② 在关于南非的第 8 章里，会具体介绍菲尔·霍华德和他对种业的研究工作。

"开源种子计划（Open Source Seed Initiative）[①]是我们应对挑战所采取的行动。"我们电话采访杰克·克洛彭伯格（Jack Kloppenburg）时，他这样说道。克洛彭伯格是威斯康星州麦迪逊大学的农村社会学教授，他决定发起与信息技术领域的开源方法非常相似的行动，旨在免费公开种子产权，在开源许可证下发布的种子任何人都可以使用。

他说："大约在30年前我们就开始提出这项倡议，我们选择积极应对，而不是防守。问题的关键在于找到一种工作、研究和管理资源的方式，使所有从事农业的人都能获得这些资源，而不像今天受知识产权保护的商业品种那样，使用时必须获得专利所有者的授权，否则无法进行研究、开发新品种、实验、选种和繁殖。"他们提出"种子免费！"这一口号并在相对小众的市场上得到了良好的反馈。

今天，开源种子计划已经聚集了63家种子公司，大多数是小型和地方性的公司，还有30多名品种培育者。在电话采访中克洛彭伯格多次强调，仅仅谴责错误是不够的，还必须提出愿景，并将其转化为众人受益的产业链，资源的共享有利于改进农作物，使种子的使用越来越广泛，有利于实现社会利益。这一计划的理念受到信息技术领域的开源运动的启发，其意义都

---

① 参见 www.osseeds.org.

第七章 美国 乡村和城市的艺术与美食

在于追求共享和自由。

———

我们告别穆勒，前去采访正在巡视农场的县长，采访结束后继续赶路。正当我们还沉浸在刚才的对话中时，车子突然紧急刹住，有两头鹿从树林中蹿出来，在车子前飞奔而过。之前我们看到过减速慢行的标志，提醒注意横过马路的鸡，但突然蹿出来的小鹿着实把我们吓了一跳！

当我们到达西风果园时，已经快日落时分了，这个果园有些类似农场，果园周围有几座木屋，白色窗帘下摆着一些桌子。这里是阿克德当地的主要景点之一，每到周末有许多家庭来这里游玩。果园空间很大，孩子们可以安全地跑来跑去，大人们可以坐在巨大的花园里吃东西。不过，他们吃的并不是汉堡，而是在柴火烤炉中烘烤的意大利比萨，以及经典的黑椒奶酪意面、番茄培根意面等。

这里将美式典型木屋和意大利设计风格完美结合。实际上老板法比奥·奇佐拉（Fabio Chizzola）来自意大利拉齐奥大区。奇佐拉于2002年离开纽约，搬到这个有山有水的地方，他已经在这里生活了20多年了。奇佐拉一边品尝着果园自产的口感清爽、甜度较低的"Wild East"（狂野东部）苹果酒，一边说道："我们买下这座苹果园，经过慢慢恢复，终于重新投入生产。"多年前奇佐拉来到这里的初衷是达到一种个人层面的回归，满足对空间、对慢节奏生活的需求。奇佐拉是一名时尚摄影师，曾为各大杂志工作，走遍了世界。毫无疑问，他过着一种光鲜亮丽的生活，但突然之间，他觉得这并不是自己想要的生活。"9·11"事件是导致他离开纽约的最后一根稻草。他需要更广阔的生活空间，需要找到另一种生活节奏。于是，他来到这里并买下这座荒废的苹果园，这座果园生产的品种主要包括旭苹果、斯德曼、红元帅等。

在美国苹果园非常受欢迎，甚至有些研究人员认为，北美是苹果树的次生基因中心。也有许多关于苹果的民间传说，其中一个是关于苹果树种子传播者约翰·查普曼（Johnny Chapman）的，他于1774年出生于马萨诸塞州，是一名果园主和苗圃工人。传说他到处种植苹果，在宾夕法尼亚、俄亥俄、印第安纳等州建造了许多苹果园，因此被称为苹果籽约翰尼。据当时的资料记载，他死后给妹妹留下了500多公顷的农场，以及在各地种植的成千上万的苹果树。当时广泛流行的苹果主要用于酿制苹果酒，或用于烹饪，并不适合直接食用。我们再次追随俄罗斯科学家瓦维洛夫的足迹去了解苹果的起源中心。

1929年，尼古拉·瓦维洛夫考察哈萨克斯坦，发现阿拉木图附近的森林是所有苹果的起源中心，并将赛威氏野苹果（学名：Malus sieversii）认定为栽培苹果（学名：Malus domestica）的始祖。苹果种子可能是由商人和旅行者通过古丝绸之路运到

第七章 美国 乡村和城市的艺术与美食

欧洲的,他们也将苹果作为旅行补给。

经过几百年的发展,野生苹果与其他物种交叉传粉,逐渐演化成为欧洲和美洲的栽培苹果。哈萨克科学家阿玛克·加里耶夫(Aymak Djangaliev)对苹果特征进行了整理,他对其中一些在20世纪70年代末可能消失的品种感到担忧。为此,加里耶夫联系了一名美国同事,即来自纽约州杰尼瓦的农业研究局的菲利普·福斯林(Philip Forsline)。

然而,苏联解体后福斯林才第一次成功收集到遗传材料。20世纪90年代初,在已经80岁的加里耶夫和其他当地研究人员的陪同下,福斯林和同事进行了一系列收集遗传材料的考察任务。当时,这个项目吸引了许多人的关注,并被称为"伊甸园的发现"。福斯林和同事惊奇地发现,300多年树龄的树木上仍然挂满了各种形状和颜色的苹果。今天,纽约州的实验田里种植了数百个野生品种,这里仿佛是座露天博物馆,讲述着苹果的故事和进化历史。

尽管那时候法比奥·奇佐拉对苹果种植一无所知,但他还是选择在阿克德小镇购买了一座拥有几十年历史的苹果园。多年来,他一点一点地修剪和修复了500多棵苹果树,使这些树重新投入生产,并将不同的苹果品种嫁接到其他果树上。

奇佐拉同我们穿过住着客人的后院,向我们介绍说,今天,75%以上的苹果用于酿制苹果酒,果园里有6个不同的品种。其中一些苹果树经过嫁接后，同一株果树的下部结的是食用苹果，上部结的则是用于酿酒的果子。奇佐拉说："它们是完全不同的品种，用于酿酒的苹果不太好吃，其甜度较低，味道有些酸，但比较利于发酵，因此适合酿制品质上乘的苹果酒。"

奇佐拉的苹果酒不在超市出售，因为他对大规模分销不感兴趣。"我们的苹果酒主打高端的专业市场，这个市场很难进入，因为苹果酒列在葡萄酒和啤酒之后，排在第三位。但苹果酒正在一点一点地占领市场。"在我们等比萨的时候，他对我们说道。

2008年，奇佐拉在农场里搭了一个临时帐篷作为摊位，自产自销农场的产品。"那一年，我的总营业额是3500美元，"他笑着说，"但我还是决定继续做下去，因为许多人感谢我恢复了苹果园，感谢我让一个即将消失的遗产重新投入生产，使其悠久的历史延续下去。"2010年，一个做比萨的朋友建议他建造一个木质烤炉。农场里烤制的比萨是罗马风格的比萨，饼皮很薄，上面是产自意大利的西红柿和农场自己制作的马苏里拉奶酪。制作比萨使用的新鲜蔬菜和罗勒青酱也是农场自产的。院子里还有一个食品店，主要销售又脆又新鲜的苹果以及应季蔬菜，也有果酱，如苹果和迷迭香果酱、覆盆子和辣椒果酱，各种蜜饯、枫树糖浆和苹果酒。但是很大一部分的产品都是通过纽约的一些美食店和各种在线渠道进行销售的。

第七章 美国 乡村和城市的艺术与美食

和穆勒一样，奇佐拉以前也在该地区的农贸市场出售过农场的产品，但现在他更愿意把精力放在发展农场本身。现在餐厅所在的建筑设备升级，整个冬天都可以继续营业。周末前来的人总是非常多，人们可以在苹果园里放松休息几小时，看看电影或者听听音乐。奇佐拉说当地的人口在不断增长，很多来自城市的人决定在农村开始新的生活。现在奇佐拉已经放弃了摄影事业，成为一名全职农民。

奇佐拉坚信自己在这里所做的事情是具有创造性的。我们在苹果园里散步，他一边向我们展示自己饲养的小猪，一边向我们介绍果园里的果树，他还说："这项工作是一门艺术，在嫁接时，要对树干进行整形，不同颜色和品种的苹果都有着美观的树冠。还要不断思考如何使用产品，如何用现有的产品创造新产品。我们的经营模式不是一成不变的，而是多元化的。"

——

谢尔盖·吉维丁（Sergey Jivetin）是一位金匠和微型艺术家，对他来说，艺术层面无疑是最重要的。第二天早上我们在他的工作室里对他进行了采访。他的工作室坐落在一座小山顶上，在一片茂密的森林和沼泽地后面，位于罗森代尔镇，离阿科德小镇不远。吉维丁不是本地人，他于1977年出生于乌兹别克斯坦，1994年移民美国。吉维丁小时候就对手工和建造微型模型展现出极高的天赋。他自豪地向我们展示了他小时候制作的小玩具士兵，这些士兵穿着不同的制服，还有用铝箔和黏土建造的船只。这些物品看似是用凿子精密雕凿出来的，其实都是纯手工制作，在这方面他的确是一个天才。

吉维丁目前的日常工作是负责一家珠宝公司的钻石切割和抛光，但这不是我们来到这里的原因，而是为了了解吉维丁近几年来一直在开发的一个艺术项目，在这个项目中他和几位艺术家将自己的作品陈列在斯瓦尔巴岛种子库的 3 号画廊。该项目由挪威研究委员会的菲恩·维克森（Fern Wickson）主持，多年来他一直致力于农业文化与社会研究，吉维丁等艺术家的作品便是农业与文化（Agri/Cultures）研究项目的一部分。近年来，维克森呼吁跨国艺术家参与到该项目中。吉维丁展示的作品共有六件，即六颗雕刻的种子，上面分别记录着哈得孙河谷农场的六个故事。故事的主角都是致力于保护当地品种的农民，就像穆勒和格林，以及将原产于美国东海岸却完全消失的玉米种子重新投入生产的农民莉莎。这些玉米种子与伊朗呼罗珊小麦恢复种植有些相似，意大利农民种植这种玉米以磨制玉米面粉，他们将这个品种又重新带到美国东海岸。这也恰好说明了农民在世界各地种子和植物的活态保护中起到的重要作用。

吉维丁的工作室十分独特，里面有几台显微镜和一个大屏幕，以及他亲手设计制作的一整套切割和雕刻工具。他用这些

第七章 美国 乡村和城市的艺术与美食

工具雕刻种子作品，如在棉花种子上刻出奴隶和被强迫劳动的人物形象。有时，他必须使用将原始表面放大 50 倍以上的镜片才能够工作，他还表示通常集中精力连续作业的时间不能超过 2 小时，否则眼睛就会疲惫。

另一个系列的作品是以栗子为素材，讲述人类尝试拯救美洲栗所采用的方法。20 世纪初，人们发现了一种毁灭美洲栗的疾病，它是由一种真菌引起的。在与栗疫病进行了长达一个世纪的对抗后，现在终于初见成效。研究人员引入真菌抗性较强的中国板栗，通过杂交改良美洲栗基因，把抗病基因插入美洲栗的基因组中，培养出转基因美洲板栗树。每个栗子都讲述了一种特定的拯救方法。这些微小而独特的栗子作品是吉维丁的独家设计，因为他坚信种子承载着人类悠久的记忆。其中许多故事流传已久，为人们所熟悉。吉维丁还在农业和园艺博览会期间为人们带来的种子进行雕刻，让他们能将这份特殊的记忆传给下一代。

——

听完种子的故事，天色已晚，我们得继续赶路了。出发之前，我们打算先去逛逛金斯顿小城的农贸市场，这是吉维丁向我们推荐的。每周六上午市场在华尔街开市，靠近荷兰教堂。当时，这座小镇被称为威特威克，是荷兰人最初的定居点之一，并于 17 世纪中期在这里建造了这座教堂。

欧洲人来到美洲后,传播疾病、利用酒精戕害身心、大批没收土地和自然资源,土著文明遭到破坏。荷兰殖民者和美洲原住民莱纳普人之间发生了一系列暴力冲突,这座教堂被烧毁多次。1777 年美国革命期间,该教堂被英国人放火烧毁。

今天的金斯敦只有两万多居民,是纽约州的第一个首府,依靠河流和铁路与大城市紧密连接。19 世纪,人们在这里发现了天然的水泥矿藏,因此成为水泥工业生产基地,现在老城区一排排建筑保留了历史的痕迹。

市场上出售的产品都产自本地,这与我们在其他国家逛过的本地市场十分相似,我们能够感受到以农民为主体、积极参与到农产品产业链的理念。

享用当地食材这一环保的理念不仅吸引人们回归土地,也为农产品进入城市带来启发。接下来的一周是第四届纽约农业科技周,该展会致力于农业创新,由纽约市农业联盟组织,其成员包括城市农民、科技公司和非营利组织。农业科技周是气候周的一个环节,每天举行三场活动,来自世界各地的数十名演讲者发表主题演讲。气候周期间将围绕气候危机主题开展多种活动,届时还将举行大规模游行。

与其他环保活动和批判传统农业的活动有所不同,纽约农业科技周主张环境可持续性与先进的创业和科技文化紧密结合,旨在促进城市结构的创新。2019 年秋季纽约市楼宇局(De-

第七章 美国 乡村和城市的艺术与美食

partment of Building，简称 DOB）通过的一项地方法律规定 "所有新建楼宇以及正在进行重大屋顶翻新的现有楼宇应安装太阳能光伏系统、绿色屋顶系统或同时安装两者。这些系统必须100%覆盖适用上述法律的楼宇的屋顶空间"。如果你从高处观察过纽约的摩天大楼，便可知道所涉及的面积有多大。人们在经过改造的屋顶上可以种植果蔬或者生产可再生能源。

———

接下来我们前去采访 Agritecture 咨询公司，这家公司位于布鲁克林的威廉斯堡。公司所在的社区是一个充满活力和多元化的街区，受到各种文化的影响，是年轻潮人的集散地。Agritecture 公司位于一栋翻新的建筑中，与该地区许多初创企业一样，将精心时尚的设计与后工业的破败感相结合，且注重绿色环保。

亨利·戈登·史密斯（Henry Gordon-Smith）是公司创始人之一，也是现任经理，一个十足的纽约数码科技创业人士。他同我们一边喝着美式咖啡，一边向我们说道，Agritecture 的使命是将创意和建筑发展的知识和方法应用到城市农业领域。也就是说，把对可持续发展的追求、对环境的关心、在美丽的地方生活和工作的愿景，以及建立新经济和探索新生产模式的需要结合起来。他向我们展示了垂直农场、高产屋顶、新型温室、智能灌溉和营养系统的图片，这些似乎与我们在考察过程中所见过的农村世界相去甚远,但是人们的理念和决心确实十分相似。

之后我们一同前往周边地区参观造型奇特且与众不同的花园和城市农场。OKO 农场位于布什维克附近,面积达 200 多平方米,夹在两座建筑之间,专门用于水产养殖。农场经理耶米·阿穆（Yemi Amu）是一位营养学家,近年来在整个城市建立了 20 多个城市农业空间,她向我们展示了各种养在鱼缸里的鱼,以及屋顶上种植的水稻、秋葵、辣椒、菠菜。OKO 农场不仅销售自己的产品,也组织一些面向学校和周围社区的课程、研讨会和活动,并与周围社区进行多种互动。该地区的许多餐馆都从这里采购食材,因为这里有多样化的选择。加上周边地区多元化的文化氛围,逛农场时甚至有些像环游世界的美食之旅!

我们还参观了许多小型社区花园,在那里人们可以种植一些香草或沙拉菜。其中一些是由女演员贝特·米勒（Bette Midler）于 20 世纪 90 年代创立的纽约修复计划（NYRP）协会的项目,其目的是对破败的城市空间进行大规模的清理修复并提供给社区居民种植蔬菜花草。

时任市长鲁道夫·朱利安尼（Rudolph Giuliani）提议出售社区花园并将其私有化时,该协会阻止了这项提议并保护了纽约市的 100 多个社区花园。这些空间不仅为居民提供了食物,还

第七章　美国　乡村和城市的艺术与美食

具有社会和文化意义。人们可以在这个似乎总是匆匆忙忙、很少关注与社区关系的城市节奏中停下来,加入到这个健康、绿色的空间。

我们还参观了具有浓厚工业风格和悠久军事历史的新实验室,它位于布鲁克林海军造船厂。该造船厂曾经是城市的海军中心,工厂建筑的后工业特征给园区增加了一些历史积淀。在大礼堂的入口处,不仅保留了原有的建筑元素,还增添了可以容纳 150 多家初创企业的办公区域。初创企业涉及的范围很广,从 3D 打印到环保包装,再到区块链以及工程和自动化项目等。正是在这里,Farmshelf 的创始人苏玛·雷迪(Suma Reddy)向我们展示了便携式水培农场的工作模型。它是一种超现代设计的橱柜,配有透明门和 LED 照明装置。下部是一个电子控制的水箱,可将水和营养物质分配给生长在各个架子上的小花盆中的植物。简而言之,这是一个优雅且功能齐全的小型温室,内部设有许多传感器,可以根据环境因素和植物的需求来调节光照和营养,能够节省约 90% 的水量,虫害风险几乎为零,无须使用农药和除草剂。雷迪解释说,通过电子监控系统可对温室进行实时监测。虽然这个装置不能解决温饱问题,但能让人们自己种植许多不同品种的香草和沙拉菜,以满足几周的日常供应。客户每个月都会收到更换的罐子和营养物质。

雷迪对她的发明十分满意,她说,他们恢复了从市场上消失的当地以及南美的植物品种并进行了试验。在与全球作物多样性信托基金会（Crop Trust）①的合作下，Farmshelf 已经成功培育了储存在种子库和收藏品中但多年没有种植的苋米。目前，这种便携式农场正在一些公司食堂、大学、社区食堂和餐馆进行测试，在这位年轻而坚定的企业家看来，它应该很快就能在私人市场上销售。

最令我们惊叹不已的是这次考察的最后一站。我们挤上一部非常老旧的货运电梯，抵达这栋极具工业风格的白色建筑的第 14 层。出了电梯后沿着墙上画着的"一只鸡走在箭头上"的标志继续爬两层楼便到了屋顶。这里是布鲁克林屋顶农场（Brooklyn Grange），号称全世界最大的城市屋顶土培农场，占地 6000 平方米。布鲁克林屋顶农场每年出产 36 吨有机种植蔬菜，不仅高效利用了种植空间，并且可以有效减少温室气体排放，吸收二氧化碳，为社区提供新鲜食物，同时也为社区培训和娱乐活动提供了聚集空间。2012 年农场建成后取得了巨大的成功，还开辟了两家旗舰农场，分别位于皇后区长岛和东河岸边的日落公园屋顶。

农场种植多种蔬果，包括向日葵、茄子、辣椒、胡萝卜，还

---

① 全球作物多样性信托基金会是 2004 年设立的一个独立国际组织，在《粮食和农业植物遗传资源国际条约》框架内运作，作物信托基金旨在保护生物多样性，为斯瓦尔巴德全球种子库提供长期支持：croptrust.org。

养殖蜜蜂，可谓应有尽有。农场用木头搭建了一个有遮挡的平台，装修成户外活动空间，以供举办各种派对、宴会。就在我们前往的当晚，有一个团队正在屋顶布置婚礼晚宴。农场的农产品通过纽约不同街区的农夫市集、公平贸易团体和使用当地食材的餐厅进行销售。布鲁克林屋顶农场是一个大胆的尝试，每年都在不断完善。我们的导游还向我们介绍道，农场如何尝试利用其他食品生产的废物作为植物床，以及如何开发适合屋顶种植的生产工具。布鲁克林屋顶农场如同一项具有影响力的社会文化实验。

　　站在夕阳下，不禁让人想起布鲁克林屋顶农场一排排鲜花、蔬果和绿植与曼哈顿天际线相映成趣的美妙景观。

第八章

南 非

地方品种，全球权利

第八章　南非　地方品种，全球权利

"目前，按照我国的法律规定，像我这样的农场其实是不合法的。公司之所以存在是因为我们获得了农业部植物育种负责人的豁免。通过这项豁免，我们可以像其他小企业一样在市场上销售种子。"这里是克里普的亨利小村庄，位于阳光普照的南非高原，距离约翰内斯堡不远。正在同我们交谈的是 Living Seeds 公司的经理肖恩·弗里曼（Sean Freeman），他 50 多岁，金发碧眼，看上去性情温和、平易近人。Living Seeds 公司是一家专门生产和销售作物种子的公司，尤其是蔬菜种子。公司培育的 600 个品种都没有被列入可以合法销售的国家品种名录。这就是为什么公司需要特别豁免。

这里的现状与欧洲对种子贸易的规定差距很大，但是这位来自高登高原的企业家的故事会让我们想起许多考察过程中的经历。例如法国的农民种子网络以及意大利的农村种子网络的成员，他们向欧盟极力争取销售体现传统和地方特色的本地品种的资格，以打破常规农业结构。我们也回想起在塞内加尔吉米尼参加种子展时与西非农民的谈话①。这不仅是对农业的一种不同的观点,而是一股对抗在全球范围内大力推动农业标准化以获得更高利润的农业方式的力量。

弗里曼和其他有着类似经历的南非企业家让我们再次意识到欧盟对世界其他地区所产生的影响。人们相信,如果世界上最富有的28个民主国家都这样做了,那么在其他地方也一定行得通,因此这个模式被不断复制。当然,这种说法还有待证实,但是一个欧洲人如果不踏上另一片土地,可能无法真正意识到这一点,尤其是在深受欧洲殖民主义影响的非洲,这一现象更为明显。

——

在弗里曼的农场,9月开始种植,11月收获第一批作物。首先是豆类,然后是西红柿,5月底则是辣椒。种子经过收集、清洗、干燥,然后包装,最后进行销售和发货。生长在农场田里的数百个品种都是开放授粉的,没有杂交品种。"我们拥有非洲大陆最大的西红柿品种的私人收藏,"弗里曼自豪地说,"在整个南非,我们还拥有最丰富的黄瓜、辣椒和甜瓜品种的私人收藏。"他的客户多达1.5万名,遍布南非各地,有些甚至来自邻国:纳米比亚、津巴布韦、博茨瓦纳和莫桑比克。但是涉及种子的跨境销售、种植和发货,则需要时刻关注相关规定。

① 参见本书第五章。

第八章　南非　地方品种，全球权利

我们跟随他参观了仓库，库里准备出售的种子被储存在干燥密封的容器里，工作人员对种子的位置了如指掌，并能将之迅速归档。我们还参观了准备发货的房间，以及负责公司行政管理和网站管理的办公区域，这里的布局就像其他家族式企业一样。

走在阳光下，阳光顿时照亮了我们。蔚蓝的天空下是大片的田地、温室以及苗圃，弗里曼看起来像是一个战绩赫赫的足球队教练。他站在那里，身材壮硕挺拔，很像一名运动员。从孩提时代起，他就对种子甚感兴趣。他似乎望向远处的地平线，然后说道："我从小就开始收集种子，每当看到一株植物已经发育成熟，就会取一些种子塞到口袋里。我把种子放在一个木箱里，那时想法是，有一天我将带着所有这些种子，打造一个美丽的花园。"

弗里曼以前在计算机领域工作，长期不在家，因此这份曾经的梦想也一直被搁浅。后来他的第一个女儿出生了，"身为父母，总希望尽其所能给孩子提供最优质的食物"。

在他看来，优质食物不是超市售卖的食材，而是选择最好的品种自己种植生产的。于是，就这样建起了菜园，这也重新燃起了他对种子的热情。"当时碰巧有人打电话给我，他们听说我在收集一些'奇怪的种子品种'。他们比较感兴趣，于是我告诉他们我可以赠送一些，但需要用我没有的种子来交换。"提供种子的同时，他也会竭力扩大自己的收藏范围。

弗里曼的种子收藏就这样开始了，几年后，他的菜园已经被种得满满的，于是便诞生了种子公司。种子交换和自由流通是自农业发展以来伴随整个人类文明史的一种做法。今天，交通运输和物流的发展使之更加便利。"我们收到过一些装在信封里的种子。有时信里还会附带一段简单的说明，比如介绍这个品种是由刚去世的祖母或祖父收集的。子女们清理抽屉时发现了这些种子。"这样的故事让人联想起一些意大利人移居国外的时候，也会带着一小袋种子离开故乡。

弗里曼将收集到的种子种植在农场外的一个单独区域，种植两三个季节以检查种子是否纯正，然后再将它们收入目录。与伊朗和意大利的农民不同的是，他们不销售杂交种子，其目标市场定位是纯种。他们对自己种植和销售的品种进行详细记录。这项工作非常重要，通过记录确保种子质量安全，了解售出的品种是否存在问题，严防质量不合格的种子流入市场。他们经营的所有品种都是本地品种，弗里曼说："一颗种子落在地里，一个季节，又一个季节，就这样在农民手中保留下来。种子开放授粉，有利于品种的保纯以及遗传素质的稳定[1]。我们的品种都没有注册，也没有为育种改良者提供知识产权保护，因为我们的种子没有专利，可以自由交易，任何人都可以种植或

---

① 参见本书第七章脚注1（第115页）。

交换。"

弗里曼的农场证明了市场对这种类型的种子是有需求的。然而，在整个南非，像这样的公司少之又少。为什么？其实，"还是存在竞争的空间，目前市场并没有饱和。竞争有助于行业的发展，能够推动改进，如果一家公司想在市场站稳脚跟，就应不断改进，提高种子纯度。"弗里曼说道，但是想在竞争激烈的市场站稳也并不容易。"像我这样的小作坊，最大的问题是缺少资金，我们创造的价值与回报通常不成比例，由于公司资金与资源有限，在现有监管系统下运营这种小规模的企业，其成本非常高。"

肖恩·弗里曼在分析像他这样的小企业的运营困难时认为，可以将之归纳为两个主要问题：一个是越来越多的大型跨国公司对市场的垄断，以及大型公司试图将小企业挤出市场，其实这种现状也是其他很多行业面临的问题。

另一个决定性因素是与种子投放市场相关的一系列法规、法律和国际协议，其内容不仅是一种法律约束力，也具有政治性质。跨国公司是经济实体，其营业额有时甚至高于其所在国家的国内生产总值，因此能够在许多方面影响国家甚至国际相关法规的制定和批准时间。

——

为了更好地理解这种复杂的影响，及其在未来的粮食生产中所发挥的作用,我们需要再次请教在上一章中提及的美国专家菲尔·霍华德(Phil Howard),他是我们的向导,也是世界上最权威的业界人士之一,通过他可以了解目前被几家大型种子公司垄断的种子行业。

与他电话联系了几次后,恰逢他来罗马参加一场学术会议之际,我们终于在罗马见到了他本人。霍华德身材高大,肩膀宽阔,戴着一副近视眼镜,眼睛显得很小。他穿得很随意,白色T恤加上舒适的长裤,仿佛是在旅游,或者去参观斗兽场。霍华德性格有些害羞,但他对自己的研究领域却热情而健谈。只要谈到与种子有关的话题,他就会滔滔不绝。他总是不遗余力地花数小时来筛选新闻稿、商业新闻、资产负债表和季度报告,寻找不同公司所拥有的种子品牌的信息。

在过去20年中这些产权已经易手,少数几家大的种子集团垄断了世界种子行业的大部分市场,种子行业已经形成了寡头格局。今天,全球十大农用化学品公司控制着全球70%的种子市场。20世纪90年代中期,这一比例才刚刚超过16%。正如霍华德在其书中对这种现象所作的分析,经过一系列的收购与合并,种子市场已经发生了天翻地覆的变化。①

这种角逐在各大行业也频频出现,其激烈程度就如同经久

---

① 参见 Philip H. Howard, *Concentration and Power in the Food System*, Bloomsbury, 2016.

第八章 南非 地方品种，全球权利

不衰的《战国风云》和《大富翁》桌游，种子行业也不例外。"公司越大，公司之间的相似性也就越大。"霍华德解释说。就种业而言，这场角逐始于 1994 年，当时墨西哥的蔬菜种子公司圣尼斯大举进攻，先后收购了印度的 Genecorp 公司，美国的雅士哥公司（Asgrow Seed Company）和皮托种子公司（Petoseed）、荷兰的皇家种子公司（Royal Sluis）；1998 年，收购了巴西的 Agroceres、Horticeres，韩国的中央种子公司（Choong Ang）和兴农种子公司（Hungnong）；次年收购了美国的 Barham Seeds 公司。2005 年，塞米尼斯被美国孟山都公司收购，成为其子公司。

同一时期，德国的拜耳公司在德国、巴西、乌克兰和法国以及美国进行大规模收购，共达成 21 项收购交易。陶氏和杜邦这两家分别成立于美国密歇根州和特拉华州的行业巨头，在巴西、加拿大、中国、丹麦、法国、德国、印度、荷兰和南非也进行了收购，共完成 43 笔收购交易。法国最大的蔬菜种子公司利马格兰（Limagrain）在 15 个国家完成 39 项收购交易，美国孟山都和瑞士先正达集团也分别达成 49 宗和 25 宗收购交易。

2016 年，全球种业格局生变，是农贸行业史上并购最繁忙的一年。中国化工集团斥资 430 亿美元收购瑞士先正达。中国化工集团作为意大利轮胎公司倍耐力最大的单一股东，经过此次收购成功实现从化工向农业领域进军发展。中国化工集团通过监管机构的反垄断审查后,与先正达完成交割,中国化工集团持有先正达 98% 的股份。在《财富》杂志公布的世界 500 强榜单上,中国化工集团主营收入超过 670 亿美元①。

此次交易金额巨大,中国化工集团掀起的并购热潮在全球得以延续。陶氏化学与杜邦两大化学巨头合并,一家主要从事化学品等业务,另一家则主攻农业板块,合并后成为陶氏杜邦公司,与中国化工集团和先正达一样充分进行优势互补。陶氏杜邦总部位于美国特拉华州威尔明顿,两家公司合并后市值高达 1300 亿美元,新公司对旗下多项业务进行重新调整:陶氏主要负责新材料开发业务,是新公司体量最大、收入最高的部门;杜邦则将重心放在生命科学、保健产品等特种产品领域上;而科迪华(Corteva Agriscience)则负责开发保护作物的化学和生物技术产品。欧洲的反垄断法对于市场垄断的量化指标认定比美国更加严格,因此陶氏杜邦对业务部门进行调整有助于开拓更大的欧洲市场。

美国农业巨头孟山都曾数次试图收购先正达,但这家瑞士公司拒绝了它的收购提议。但如果公司不收购,就有可能面临被竞争对手或更大的公司收购。就这样,孟山都转投德国医药与化学品巨头拜耳的麾下。2016 年 9 月,拜耳成功以 660 亿美

---

① 参见 www.fortune.com/global500/2019/chemchina/.

元收购孟山都，成为德国有史以来规模最大的海外并购。拜耳和孟山都用了两年的时间成功说服了美国和欧洲国家的反垄断机构批准该交易。2018年6月7日，拜耳成功完成对孟山都公司的收购。存在了100多年的著名农业巨头孟山都退出了历史舞台，被拜耳公司接管，但之前孟山都的产品将继续保留，如当前世界上施用量最大的除草剂之一草甘膦除草剂"农达"（RoundUp）①。

近年来，全球种业积极推进并购重组，不断向纵深发展。20世纪80年代还未兴起并购浪潮，当时有数千家像肖恩·弗里曼所经营的独立种子公司。有些公司甚至成立于19世纪末，与当地的农业传统相融合。大部分这样的公司都是家族式经营或者农民合作社，而今天幸存的公司寥寥无几。有的公司被收购后，其品牌仍会保留下来，给人一种与当地紧密相连的感觉。但真正的控制权掌握在少数人手中，正如我们看到的，这些公司既是化工巨头，又是化肥和农药生产商。

在这场收购扩张的资本角逐里，南非展现出非常典型的市场特征。南非最大的两家种子公司Carnia和Sensako于2000年被孟山都收购。2012年，另一家公司Pannar Seed作为南非第三

---

① 草甘膦除草剂农达多年来一直饱受争议。20世纪60年代孟山都研发出了被广泛应用的草甘膦除草剂农达，近年来科学界和媒体关于这种化学物质是否威胁人类健康的激烈争论仍在继续，但科学机构和监管机构并没有给出明确的定论。

大玉米种子生产商被杜邦公司旗下的杜邦先锋收购。南非 Link Seed 公司也于 2013 年被法国利马格兰收购。今天，在非洲大陆上最重要的农业经济体之一的南非，其极度宝贵的种子行业的控制权完全转移到了世界上三家最大的种子公司手中。它们还掌控了原有公司建立的种子库，从而控制了当地的遗传资源，尤其是玉米和棉花。

公司与土地的关系发生了天翻地覆的变化。小型种子公司过去一直保持着有当地市场的品种，它们有忠实的客户，可以满足食品产业链的需求。而跨国公司推崇单一的产业化发展模式，其核心是大规模生产和打造农业产业链，推进农业现代化，形成生产专业化、产品统一、产量高、销售量大、市场效率高的农业模式。

鉴于近年来的发展趋势，市场究竟可以集中到什么程度？在菲尔·霍华德看来，达到一定的集中度后便不会再提升，这样更有利于大型公司本身的发展。他说："关于种业的未来，我认为可能市场会由像可口可乐和百事可乐这样的两大巨头所控制。表面上给人一种竞争的感觉，其实是形成双雄垄断的局面。"这种形式可以避免所有可能来自反垄断机构的质疑，却不利于种子行业的终端消费者，也就是产业链条中的农民。

霍华德解释说，如果在种业形成可口可乐与百事可乐双雄垄断的局面，两家公司实际上将作为一个整体运作。双方甚至

第八章 南非 地方品种，全球权利

不需要双方董事之间的秘密会议，也不需要挖掘公开商业保密文件，便可达成价格默契。

这一切都会简单得多，事实上，在软饮料和许多其他饮料行业，已经采用了这样的运作模式。为了使我们更好地理解这一点，霍华德给我们讲述了一位目前已经退休的咖啡公司前董事长的故事。这位前董事长当时最担心的是他的竞争对手会降低价格，这会使他的公司陷入困境。所以，他以非官方的形式泄露了公司产品相关价格调整的信息，最后所有其他生产商都按照这个价格进行了调整，毕竟价格统一对大家来说是互利共赢的。

如果少数几家企业占有大部分市场份额，互相建立价格联盟或采取相似的运营策略来操纵市场价格，就会导致形成垄断的局面。霍华德在接受意大利广播电视台 RAI 的采访时说道："许多行业目前都是寡头垄断的市场结构，公司提供的产品或服务相似，在价格的制定上相互影响、相互制约。"

因此，跨国种业公司与其他行业的发展模式非常相似。但是其中最重要的区别不在于资金管理，而在于农业本身的性质。农业所需的投资是巨大的，需要投入杂交种子以及获得高产所需的化学品。因此，增加利润的唯一途径便是扩大全球市场。这种做法已经在全球各个地区得到广泛推广，生产和消费逐步趋于同质化，而不考虑特定地区的社会、文化背景和气候条件。关于"农场与环境脱钩"的相关内容①我们在本书第四章也进行过详细讨论。

也许种子行业没有像汽车行业一样,深刻改变人们的日常出行,但是种子行业的发展与汽车行业还是有些共同之处的。如今,汽车行业在全球范围广泛布局,不再像过去那样由单个国家生产所有零配件。为了抵御金融危机的冲击以及迎合消费者习惯的变化,汽车行业的跨国并购极其活跃。无论是在罗马、新加坡、莫斯科还是纽约,汽车的造型大同小异。

随着全球化的普及,服装行业也呈现出同样的发展趋势。仔细想想,近年来,食品行业也不例外,不同国家和地区的商店货架上陈列的商品相差无几。然而,从农业的角度来看,产品的同质化问题日益凸显,还可能导致农业生物多样性大大降低。圣尼斯公司便是一个典型的案例,该公司被孟山都收购后,2500个水果和蔬菜品种不再销售,数量超过公司原有水果和蔬菜品种总数的1/3。

众所周知,生物多样性是人类生存的关键所在。灌溉系统、大量使用化肥和农药以及重型机械化的投入为大规模单一作物种植模式带来高产、高利润。这一现状与90%的小农户的种植模式完全不符,但小农户生产的粮食占世界消费总量的

---

① 参见 Mark Shapiro, Seeds of Resistance: The Fight to Save Our Food Supply, *Hot Books*, 2018.

80%以上①。当然,小农户的发展也需要创新,可是工业化农业并不是唯一之路。

除了到埃塞俄比亚和阿比西尼亚考察之外,尼古拉·瓦维洛夫从未涉足撒哈拉以南非洲地区,其中有很多原因。20世纪初,获得前往欧洲国家殖民地的许可十分困难,此外,考察团人员众多,还要带上大量科学设备,安全无法得到保障。还有一种猜测是,尽管非洲大陆的动植物资源丰富,但没有进入驯化植物起源中心名单的候选地。

瓦维洛夫对地中海地区、靠近热带的山区,如埃塞俄比亚和南美洲的安第斯地区很感兴趣,但他没有掌握任何关于来自撒哈拉以南非洲的人类驯化的作物的遗传信息。瓦维洛夫去世后,出现了一个不同的假设。撒哈拉以南非洲可能有一个起源中心,即具有丰富的生物多样性的开普花卉保护区。保护区的气候与地中海相似,位于好望角附近的南非海岸以及周边地区。弗因博斯(fynbos)这个词来源于南非荷兰语,指南非特有的低矮灌木,这里是南非开普敦最多样化的生物群落。2004年南非开普花卉保护区被联合国教科文组织列为世界遗产。

根据开普花卉保护区与地中海灌丛环境的相似性及其巨大的遗传多样性,一些研究人员推测,这里可能是驯化植物的起

---

① 参见本书第五章。

源中心。研究人员对保护区进行了缜密的研究,结果证实了该地区巨大的生物多样性,但没有发现适合人类食用的含有淀粉的种子或块茎的植物。

2007年离世的英国植物学家约翰·格雷戈里·霍克斯(John Gregory Hawkes)分析了将南非开普花卉保护区作为可能的起源中心的假设,并断然排除了这一假设。他认为,"在一个相当小的区域内可以发现属于不同植物属和科的数百个物种。这些植物争奇斗艳、姹紫嫣红,但从未被当地人栽培过。这些浪漫美丽的花卉可供欣赏,却不能食用。在南澳大利亚也有一个类似的植物群,但是也没有培育出任何可供食用的物种"。[1]简而言之,尼古拉·瓦维洛夫在这个问题上的判断是正确的。

约翰内斯堡的隐性的行为准则可能比显性的准则还要多。所幸,有米歇尔·内尔(Michelle Nel)为我们带路,她是一名环境记者和摄影师,也是我们此行的向导。在约翰内斯堡,除非在极少数有武装警卫保证安全的地方,否则不能步行出门。

---

[1] J.G. Hawkes, *Back to Vavilov: Why Were Plants Domesticated in Some Areas and Not in Others?* in *The Originins of Agriculture and Corp Domestication*, 1997年5月10—14日叙利亚阿勒颇哈伦研讨会论文,出版单位:国际旱地农业研究中心出版,出版年:1998年。可在国际生物多样性组织网上查阅: www.bioversityinternational.org/fileadmin/bioversity/publications/Web_version/47/ begin.htm#Contents.

第八章　南非　地方品种，全球权利

在等待出租车时，必须待在楼里，等着司机下车来接你，以确保从门口到车里这短短一段路程的人身安全。如果开车遇到红灯，则必须减速，但尽量不要停下来，等到绿灯后再次出发；一旦车停下来，可能就会遭到抢劫。米歇尔出生在这座复杂的大城市里，她很清楚应该怎样应对各种情况。她知道什么时候摇下车窗把钱施舍给乞丐，以及怎样摇下车窗，以防止递钱的时候乞丐把手伸进车里。

从豪登省的小镇 Henley on Klip 回到城市，路上的感觉一言难尽。丛林、无边无际的天空和约翰内斯堡钢筋混凝土的森林形成令人震惊的鲜明对比。在一个多世纪的时间里，约翰内斯堡并没有明确的城市发展规划。这座城市仍然分布着几十座金矿，所见之处环境极为恶劣。开采的矿山被成千上万受到剥削的金矿工人的鲜血所填满，矿工大多数是黑人。

在美国西进运动的同一时期，约翰内斯堡因发现金矿而建城。19 世纪末 20 世纪初，这里一跃成为黄金之城，吸引了无数不同种族、不同背景的企业家、商人、无赖、妓女，以及一无所有、想要白手起家的冒险家。在短短一个世纪的时间里，人口便达到 500 万。这里发生过索韦托种族隔离事件、国际制裁、纳尔逊·曼德拉担任总统、1997 年赢得橄榄球世界杯冠军等大事件以及无数次社会局势紧张，直到今天，约翰内斯堡仍然被称为世界最危险的城市之一。这可能就是有时米歇尔看起来有些偏执的原因吧。当你的亲属和爱人成为这种暴力的受害者时，恐惧也许是最正常的防御反应①。

在米歇尔的帮助下，一天晚上我们得以驱车前往城市北部的一个住宅区，在那里我们见到了非洲生物多样性中心的创始人兼主任玛丽亚姆·马耶特（Mariam Mayet）。非洲生物多样性中心是一个非政府组织，自2003年以来一直致力于南非和该地区的生物安全法和生物多样性保护政策。即使在这个绿化环境优美的小区，有许多独栋别墅，但在安全上却与这座城市的其他地方相差无几。每个角落都安装着摄像头，花园门口的灯光将紧闭的大门照射得亮如白昼，没有人在花园里闲坐。米歇尔停好她的旧车后，马耶特的丈夫从一扇门走出来，匆匆接我们进门，到了室内才与我们打招呼。

此行的目的是了解农业企业巨头在种子和遗传资源监管问题上所扮演的角色。很多从事传统品种工作的人在其工作中都会遇到这种限制。马耶特的组织主要关注南非农业企业巨头对国家立法机构施加的影响以及对国际监管的影响。所通过的关于种子的法律保护知识产权和所有上市要求只有大公司才能满足，而那些仍然使用和交换传统种子的小农户则

---

① 这座城市有着自己独特的魅力，吸引着无数游客前往，建议参阅南非记者马克·格维瑟（Mark Gevisser）撰写的回忆录。出于持续不断的社会紧张局势，他决定远走他乡。该书名为 Lots and Found in Johannesburg: A Memoir，Farrar, Straus and Giroux 出版，出版于2014年。

第八章 南非 地方品种,全球权利

被排除在外。

这些标准与国际公约完全一致,特别是《国际植物新品种保护公约》(UPOV),该公约也是欧洲立法的参考文献。1991年 UPOV 的公约文本在保护育种者权益的条件下,对育种者权利予以限制,以便农民在自己土地上为繁殖之目的,而使用在其土地上种植的保护品种所收获的产品。UPOV 规定,受保护的品种必须新颖、独特、统一且稳定。①马耶特解释说,这些规则其实并不适合南非及其邻国的情况,因为那里靠农业为生的人口比例超过 75%

此类组织与政府之间关系的密切程度通过多种形式呈现出来。国际农业生物技术应用服务组织(International Service for the Acquisition of Agri-biotech Applications,简称 ISAAA)是一个非政府组织,致力于促进生物技术作物在非洲的传播,其资助者包括孟山都和印度 Mahyco 公司。2015 年 ISAAA 发表的报告中提到了该组织的非洲中心对肯尼亚政府成员进行的游说活动。肯尼亚议员应这一组织的邀请参加了在内罗毕举行的第一届农业生物技术和生物安全通信国际会议。在此次会议上,该组织通过游说影响议会当时正在讨论的一项法案的制定,以防止向肯尼亚进口转基因生物,并最终促使该项条款被删除。ISAAA 在同一份报告中还指出,"非洲中心在促进政策制定者解

---

① 参见本书第四章。

除肯尼亚转基因生物进口禁令方面发挥了积极的作用"①。

2015年，18个非洲国家于坦桑尼亚共同签署了《阿鲁沙议定书》，旨在为保护植物新品种制定法律框架，其保护范围超过国家标准。国际植物新品种保护联盟、美国专利局和欧洲植物品种局均参与了该议定书的制定。

80多个维护小农权利的协会发起多场宣传运动，强烈反对这项限制小批量和传统品种的种子交换和繁殖的规定，并提到此类交换在欧洲是受到法律保护的，这种限制将会破坏遍布于非洲大陆的民间种子系统，使小农处于更加困难的经济环境。

———

采访结束后，天色还不晚，外面却漆黑一片。6月的夜晚，夜幕如此早地降临，南半球的冬天即将到来，白天越来越短。米歇尔带我们穿过老城区回到酒店，以前这条街是繁华购物区，路面上有仍在运行的电车。而此刻眼前却是一派衰败景象，到处都是无家可归者，到处都是污垢。被边缘化的社会阶层以武力占领这座城市的时候，当局曾试图恢复秩序，但是没有成功。在20世纪80年代和90年代期间，政府决定不再镇

---

① 2015年国际农业生物技术应用服务组织（ISAAA）发布的年度报告，具体可参见：www.isaaa.org/resources/publications/annualreport/2015/pdf/ISAA-Annual_Report-2015.pdf.

压,而是维持老城区现状,并将政府部门和购物中心搬到老城区以外的新城区:东门、塞顿市、罗斯班克购物中心。昔日的废弃矿场加上破败不堪的老城区像是城市的一道伤口,永远无法愈合。目前只有几个区域依靠酒吧、餐馆以及街头市场实现成功转型。第一个是马博能街区(Maboneng Precinct),这里以前是工业区,现在已经成为一个活跃的多元文化空间,有许多咖啡馆、餐馆、酒吧、艺术家俱乐部、书店,还有一家旅馆和一家艺术酒店,也是我们此行下榻的酒店。

布拉姆方丹街区(Braamfontein)位于金山大学和金山大学艺术博物馆附近,每个星期天,多层停车场里的大型邻里市场(Neighbourgoods Market)人山人海,人们一边品尝着不同小摊位上来自世界各地的食物,一边听着现场爵士乐。除此之外,约翰内斯堡市中心的大部分地方都是危险区域,对于外地游客来说更是如此。

的确,有些知名旅游指南会列出所谓的全球最危险的地点清单,可能有些片面,但对于南非,这并不是一种偏执的看法或固有的偏见。南非确实是世界上暴力犯罪率最高的国家之一,在世界排名中名列第五。根据南非警方的犯罪报告统计,在城市和农村地区,近年来每年发生2万起谋杀案,平均每天55起。联合国毒品和犯罪问题办公室 UNOCD[①] 也证实了这一数

---

① www.bbc.com/news/world-africa-45547975.

据。由于经济和社会原因，南非成为一个充斥着暴力的国家，当地治安状况较差，独自出门风险较高。

第二天早上，我们开车经过市中心，有些路段仍然处于封闭的状态。我们在高速公路上向东北方向行驶时，经过约翰内斯堡的亚历山大镇区（Alexandra）。在英语维基百科中，为了维护政治正确，镇区是指"临时居住区域"，用于取代贫民区、贫民窟、黑人居住区。镇区是种族隔离期间形成的特有名词，这里是黑人聚集区，宵禁后不得离开此地。最著名的镇区无疑是索维托，纳尔逊·曼德拉就出生在这里，他住过的房子现已成为国家博物馆。

今天，亚历山大镇区有近18万居民。尽管废除了种族隔离政策，基础设施也得到改善，但这些人大多是贫穷的黑人，或是来自其他国家的非洲人。事实上，多年来，南非已经接收了许多逃离津巴布韦以及莫桑比克内战的难民。亚历山大镇区的当地居民近年来针对这两个国家的移民发动过多次袭击。亚历山大镇区最近一次骚乱发生在2019年9月，造成12人死亡，近700人被捕。南非花重金为2010年世界杯建造了新体育场，但基础设施的建设并没有对当地起到提振作用，与位于高速公路另一侧的桑顿市相比，贫穷与富裕仅仅一条路之隔。

——

约翰·恩奇拉（John Nzira）穿着格子衬衫、卡其色长裤和

第八章 南非 地方品种，全球权利

印有 Ukuvuna① 城市农业项目标志的夹克，脸上带着灿烂的笑容，眼底却有一种阅尽世事沧桑的悲郁。这次见面的地点是米德兰特，一座位于南非最大的经济中心约翰内斯堡和行政首都比勒陀利亚之间的小镇，这里距离他的家乡津巴布韦的边境只有 500 千米。恩奇拉多年前就离开了家乡，来到这里工作，但他与津巴布韦的联系仍旧十分密切。因此，除了 Ukuvuna 项目工作之外，他还参与摩羯区自治市的农业社区的工作，该地区位于博茨瓦纳、津巴布韦和莫桑比克之间，是南非唯一位于回归线以北的地区。

恩奇拉说道："同整个撒哈拉以南非洲一样，商业种子在南非市场上也占据着主导地位。"在摩羯区自治市的社区居住的往往都是来自邻国内战的难民，因此受到了直接影响。恩奇拉与许多津巴布韦家庭和团体合作。在之后的采访中，我们深刻感受到，在这个角落里，政治边界并不重要，语言和种族边界似乎才是最重要的。

沿着 N1 高速公路行驶，眼前的风景让人联想到国家地理频道中播放的画面：宽广的大草原一望无际，公路两侧分布着众多国家公园和野生动物保护区。途中看到一群长颈鹿在离公路几步远的地方威风凛凛地奔跑时，我们都咯咯地笑了起来。恩奇拉侧身看着我们，可能在想，这些人真是奇怪，看到长颈

---

① Ukuvuna 在祖鲁语中是指"收获"。

鹿也大惊小怪。在那一瞬间，他肯定会觉得我们有些傻里傻气的……

三天来，我们走访了一些村庄，每次都采取同样的走访方式。起初，我们待在村外，由恩奇拉前去通知。然后他出来迎我们进去，村里的妇女也前来欢迎我们。我们彼此介绍一番，村长（或其他男性代表）出现后，会议才可以正式开始。其实这里是由妇女管理具体事务，但她们不能担任官方职位。因此，当她们的丈夫或儿子说着一些没有实际内容的客套话时，她们就默默地站在一旁茫然地看着。他们走后，妇女们才重新振作起来，继续招待我们。

弗洛伦斯夫人是一位年长的女士，午餐时为我们准备了炸蚂蚱和辣椒秋葵。她的丈夫离开村子到城里找工作，留下她独自照顾孩子，打理家里的农田。但她丈夫在城市里，除了偶尔工作之外，还找了不少情妇，所以带回家的钱并不多。在家族其他女性的帮助下，她和家人不仅得以维持生存，还维护了丈夫的财产。丈夫老了以后，可以随时回到村里的家中，有了这些财产就不至饿死。像弗洛伦斯夫人这样的女性，在约翰·恩奇拉的帮助下，将土地打理得井井有条，将孩子抚养长大。在父权社会的文化机制下，非洲妇女解放仍有很长的路要走，但与此同时她们也在努力地实现着一定程度上的经济独立。她的女儿和孙女在城里读书，但都与村子有着很深的感情，所以经

第八章 南非 地方品种，全球权利

常回到村里。在与她们的交谈中，我们瞥见了一些文化和社会变革的迹象。她们的观念会如何改变，这一点还是未知数。

我们在马克翁采访到了倡导女性视角的安娜·莫拉拉（Anna Molala）。除了负责家庭的菜园和小规模的种子收集外，莫拉拉还是一位当地公认的资源管理人物。通过在培训和扶持社区方面的不懈努力，她成功打造了 147 个菜园，其产品在当地市场上出售，不仅使 1000 多人实现了自给自足，而且也帮助人们获得了一个体面的收入来源。当莫拉拉带领我们参观这些菜园时，她说，菜园主要问题是缺水，而使用永续农业技术只能解决一部分的问题。她向我们展示了她收集的 30 多个不同的种子品种，并自豪地说："种植不仅能为我们提供食物，还能提供来年播种的种子。"

——

乘坐恩奇拉的吉普车返回米德兰的途中，那些村庄渐渐远去，但这些天的经历却在脑海中慢慢沉淀。我们采访了许多生活在不同地方的农民，从法国到意大利的农村种子网络，从埃塞俄比亚高原到肥沃的新月地带。在采访的过程中，我们深刻体会到气候变化对农业产生的显著影响，以及继续种植本地品种的需求，而与农民实际需求相悖的法律条规也为交换传统的本地种子带来诸多限制。

那么，哪一种模式更适合非洲大陆的农业发展现状呢？约翰·恩奇拉自豪地向我们展示了他的实验农场。这家农场成立于 2005 年,以永续农业为理念,即在人类居住的环境中可持续生产多样性作物的一种有效且长久的方式。永续农业是 20 世纪 70 年代后发展起来的一种生态文化,目的是通过可持续的方式耕种土地,使作物和畜牧业有机结合,打造平衡的自然生态系统。除了在有限的空间内实现多样化的作物生产之外,永续农业还可以节约用水,并提供一系列对人类活动有价值的副产品。Ukuvuna 项目在仅有的一公顷土地上,恩奇拉向我们说道:"我们使用多功能的设备来耕种土地,其粮食产量可以供应十个人的生活需求。"这几乎是一个闭合的循环系统,因为农场里有谷物和蔬菜,同时还饲养家畜。"我们不需要购买食物,农场基本上可以实现自给自足,还可以将多余的粮食出售。"

农场将收集的种子储存起来以备来年进行播种,或者与米德兰或摩羯区的其他农场交换,而不需要到市场上购买种子。这让我们想起了印度尼西亚伦博尔平原的阿文提努斯·图鲁[①]所采取的种植模式。有效的解决方案有时会在地球上的不同角落出现,几千年来,随着农业文明的发展,积累的丰富经验就像种子一样快速传播。

正如马克·夏皮罗在其关于独立的农业《抵抗的种子》一书中所讲述的自给自足的农业社区所面临的困难,此次南非之

---

① 参见本书第六章。

行使我们深切体会到他们的不易。经济和政治体系要求生产模式同质化，给农民带来诸多挑战，但其实高效的种植体系所带来的利润并不足以解决干旱、缺乏粮食安全和适应不断变化的气候等问题。我们需要丰富的生物多样性，需要具体问题具体分析，需要对农业的悠久历史进行深入的研究，需要寻找更多可行的方案。

第九章

意大利

打造闭合式循环产业链

第九章 意大利 打造闭合式循环产业链

"这是一个历史性的时刻！农民的种子终于可以取得认证了！"农村种子网络的农学家里卡多·博奇（Ricardo Bocci）兴高采烈地说道。随后负责种子认证的意大利机构农业研究和农业经济分析委员会（简称 CREA）的亚历山德拉·索莫维戈（Alessandra Sommovigo）提议起草一份参与式报告，这项提议获得了在场所有人的热烈掌声。

2017 年 6 月，我们来到托斯卡纳大区佩乔利小镇的罗萨里奥·弗洛里迪亚农场，在那里我们了解到参与式育种。当时，萨尔瓦托雷·塞卡雷利①向我们介绍说，这家农场既有单一栽培的种植地块，也有混合种植的地块。所有参会人员都积极响应，起草并签署了这份文件。索莫维戈在会上宣读了关于农业研究和农业经济分析委员会认证弗洛里迪亚软小麦 Solibam 种群的具体条款。经过实地考察确定无杂质，无其他植物的侵扰，

---

① 参见关于意大利的第一章节，我们介绍了塞卡雷利提出并推广的参与式和进化式育种。罗萨里奥·弗洛里迪亚的农场是最早参与试验的农场之一，他将部分土地用于进行不同品种和混合品种种植。

无疾病。

符合所有认证条件，农业研究和农业经济分析委员会特此给予批准，授予第一个意大利软小麦种群认证！

这一切看起来像是走个形式，其实不然。这些种子是经过与传统程序不同的检验过程的，获得认证后便意味着可以在市场上贩售，开拓新的销售渠道。因此，这绝非一桩小事。

博奇总结说，"种子便是我们人类的未来"，他还强调建立网络的重要性，要在地方和大区之间建立沟通的桥梁，为选择这种模式的农民提供培训和支持，同时也要在立法层面不断与意大利和欧洲机构进行谈判。博奇还说道："欧盟已经开始重新评估传统种子的法律法规，对我们来说这是一个重要的契机，这意味着我们将有销售非同质化以及未列入目录的品种的机会。"

自21世纪初以来，农村种子网络已经吸纳了40多个农民和小生产者协会，其技术人员一直在与意大利和欧洲机构进行对话，旨在促进传统种子法律法规的出台。其目的在于确保新的法律法规能够考虑到农场生产和保存遗传资源以及地方品种的保护问题。

自1997年以来，托斯卡纳地区批准了一系列具有重大意义的关于当地遗传资源保护和管理的地区法律规定[1]。都灵大学的

---

[1] 可通过农村种子网络官方网站查阅有关地区、意大利和欧洲的种子法律法规，网站地址：http://www.semirurali.net/legislazione/。

第九章　意大利　打造闭合式循环产业链

经济学家恩里科·贝尔塔基尼（Enrico Bertacchini）写道："意大利的地区立法是在欧洲层面上保护和评估农业遗传资源的少数操作范例之一。这项规定符合粮农组织的《粮食和农业植物遗传资源国际条约》（ITPGRFA）的宗旨，在许多方面，与国家和欧洲立法相比甚至具有超前性。"①

在欧洲范围内，种子立法是1966年颁布的，并在这些指令中引入了种子目录和注册程序。20世纪90年代末，理事会批准了一项新的指令，该指令引入了保护品种的概念，即面临基因侵蚀风险的品种，由于不再种植而面临灭绝，且没有在登记册上登记的本地品种、被保存在植物园或公共收藏馆50年以上的品种，以及农民在当地种植的品种均可纳入保护品种。这些也是我们在考察途中所见到的品种。尽管2008年颁布了新的规定，但种子市场仍然很混乱，农民的种子主权正在丧失，种植的自主权利受到很大限制。在之后的几年，终于出现转机。意大利颁发第267/2010号法令，允许农民小批量销售蔬菜类保护品种的种子。

2014年，欧盟委员会通过第150号决定，允许展开谷类品种销售的临时试验。正如我们在第一章中所述，欧洲网络的研

---

①　关于ITPGRFA条约请参阅本书第五章节。恩里科·贝尔塔基尼发表的相关论文可参考：www.researchgate.net/publication/228345483_Regional_legislation_in_Italy_for_the_protection_of_local_varieties.

209

究工作证明了进化改良做法的有效性，在推动立法启动过程中发挥了重要作用。允许出售经过种群注册的种子，如弗洛里迪亚软小麦 Solibam 种群，可从中吸取成功经验，从而推动种子立法的改革。这一决定表明，鉴于有机农业和自留种以及耕作系统的特殊性与工业系统有着天壤之别，因此欧盟委员会出台相应的认证规定和政策急不可待。

许多产自欧洲不同国家的品种均被纳入此次试验。代表意大利参与此次试验的是托斯卡纳的罗萨里奥·弗洛里迪亚和西西里的朱塞佩·李·罗西的农场，这些试验与另一个试验项目 Virgo 同时进行。Virgo 是由艾米利亚-罗马涅大区资助、由博洛尼亚大学的乔瓦尼·迪内里（Giovanni Dinelli）主持的研究艾米利亚-罗马涅大区生产的混合小麦品种的项目。

此外，欧盟出台关于有机生产的第 848/2018 号条例，该条例从 2021 年开始生效，对有机产品的生产、认证和管理提出实施细则。

"能够自留种子保障了我的种子主权。"农民保管员卡拉·拉·普拉卡（Clara La Placa）如是说道。她身着一件淡紫色的毛衣，淡紫色的眼影，浅色的眼睛和长发，来自西西里岛的卡塔尼亚市。她的父母是教师，她曾学过陶瓷和装饰，她对自己的职业原本有着不一样的规划。

当卡拉决定回到家族世代相传的土地时（她的父亲一直都

第九章 意大利 打造闭合式循环产业链

在耕种土地,但只是作为一种副业),她立即意识到想在田里种植小麦并非易事。首先,她想种植的小麦,也就是当地的传统品种,根本无法找到。"在最初的几年里,我只好从卡尔塔吉罗内实验站取来小麦种子,然后用全部收成重新播种,才能收获一定的种子",她一边说,一边向我们展示她最满意的两个小麦品种:金黄色的 Timilia 小麦和浅白色的 Maiorca 小麦。卡拉还决定在一个项目中加入陶瓷的创意,从不同的维度来展现她的小麦品种。

圣乔瓦内洛农场(Agriturismo San Giovannello)位于西西里岛的内陆地区,在恩纳附近的维拉罗莎小镇,离考古发掘地点不远。晚上,卡拉在她的餐厅欢迎我们,她用自家农场生产的食材为我们准备了丰盛的晚餐。在我们旁边,坐着一长桌的外国年轻人。她说:"他们是英国的考古系学生,我与他们的大学合作,在两三周的考古工作期间,都可以来这里吃饭。"餐厅是一座浅黄色的房屋,前面是一个用圆形石头铺成的大露台,可以俯瞰对面的山坡。周围群山环绕,风从山间吹来,呼呼作响。农场后面有几间小房子和石头建筑,那里有十几间客房。

早晨的阳光已经有些耀眼,天还在刮着风。走在外面很舒服,但一阵阵大风吹来,导致我们在采访时无法使用麦克风。我们在田间看到许多灌木丛和一排排意大利姜花,这是一种野生的豆科植物，开着深紫色的花，可以吸引蜜蜂和其他昆虫授粉。

在田地里，我们穿过一排又一排的当地黑色小扁豆，以及不知出自何处但在这里深深扎根的黑鹰嘴豆。田里还有颜色较浅的苏丹鹰嘴豆、蚕豆和山黧豆，它们开着颜色不一的花朵，大而精致。在农场的另一个区域，卡拉向我们展示了绿色的小麦和藏红花，藏红花生长在其他植物中，需要非常小心地手工采摘。

卡拉告诉我们："我在一些市场里出售农场的产品，还开设了一家网店。"很显然互联网为今天的新一代农民提供了一个扩大销售渠道的重要平台。人们可以在她的网站上购买许多加工产品，例如饼干和意大利面、杏仁、天然香皂和其他用草药制成的化妆品。

卡拉还强调："公司的事务很烦琐，但给我带来的满足感也是巨大的。我真的希望大家能够了解这片土地和这片土地上的产品。"我们知道她与农业有着更深层次的关系。从社会的角度来说，这些农民是当地非常活跃的一个团体，他们参加各种活动和民俗节日，也参与到研究、会议和许多其他讨论活动中。他们还有一种较为现代的创业意识，他们注重学习，跟随时代的步伐不断创新，思考如何在当前的社会背景下挖掘盈利商机。卡拉承认："一开始非常困难，十多年来我们见证了许多变化。我们发现来参加民俗节日和市场的消费者和市民的思想观念发生了许多变化，他们现在更加关注食物是如何生产的，食物与我们生活的土地之间的关系。"

卡拉在技术整合方面也具备很强的能力。例如，她与一家由农民自营的磨坊建立了合作关系。近年来，磨坊已经成为这条产业链上的核心环节。其主要原因是当前生产的小麦不适合使用现代化的滚筒碾磨机碾磨。这种小麦的营养价值很高，含有丰富的蛋白质、维生素和矿物质元素。因此，需要低速碾磨，才不会破坏小麦中的营养物质。经过传统碾磨加工出的面粉与工业加工的面粉相比，保质期较短，因此更适用于传统手工烘焙、短周期的生产加工或者家庭使用。

向西西里岛南部驱车几小时，我们抵达了距离拉古萨不远的一家磨坊，并有幸采访了这里的磨坊主弗朗西斯科·迪斯特法诺（Francesco Distefano）。走进他的磨坊时，我们被眼前的一幕惊住了：正在运转着的石磨，以及全身都是面粉的迪斯特法诺，他仿佛《守护者联盟》中的沙人，只不过身上不是洋洋洒洒的金色沙子，而是白花花的面粉。

索普拉诺磨坊使用的水是流经磨坊下面的奇法利泉水。迪斯特法诺在这里种植的大部分小麦都是由自家磨坊碾磨的，他带我们参观了磨坊，并向我们展示了将水力转化为动力的水力磨坊。这座磨坊建于19世纪上半叶，所在的建筑大约可追溯到

17 世纪。从 19 世纪到 20 世纪 80 年代中期的大部分时间里，磨坊都处于运行状态。之后，磨坊关闭并进行了漫长而烦琐的修复工作，今天的磨坊有两块石磨，可用于碾磨不同类型的小麦。迪斯特法诺解释说："石磨碾磨出来的面粉最大限度地保留了小麦胚芽中所含的纤维和营养物质，容易消化吸收。"

开始时磨坊的面粉产量并不高，但随着需求的增加，生产、碾磨和面食制作也随之增加。迪斯特法诺说："我们只碾磨当地的硬小麦品种，例如 Sicilia、Margherito、Timilia、Farro lungo、Inglesa 和 Francesa、Paola。我们竭力恢复当地品种，确保产量保持稳定。"

提到恢复当地品种，就不得不提及具有代表性的 Solina 小麦，这种软小麦种植在与西西里岛的气候完全不同的意大利中部大区阿布鲁佐。几个世纪以来，Solina 在高海拔地区生长，寒冷之后才会成熟。由于在山区耕作比较困难，这种独特的品种正在消失。然而，十多年前，一群当地农民成立了一个名为"Solina 联盟"的团体，共吸纳了拉奎拉省和阿布鲁佐大区海拔 750 米以上的所有地区的农民。农艺师多纳托·西尔维（Donato Silveri）向我们介绍了这一团体以及集体合作的重要性。我们在西西里岛采访了他，他告诉我们，"如果你想在这里生产小麦，Solina 便是最佳选择"。使用这种面粉制作的面包和面食营养价值非常高，这些产品在当地的小镇苏尔莫纳和意大利其他地区

第九章 意大利 打造闭合式循环产业链

的农业博览会以及相关活动中均有出售①。

Solina 是第一个进入意大利保护品种登记册的传统小麦品种，代表了阿布鲁佐农业和经济的发展。许多年轻农民也在其中发挥着重要作用，例如，现任主席加埃塔诺·卡尔博尼（Gaetano Carboni），他是环境法和生态学博士，自 2007 年以来一直致力于创新阿布鲁佐的农村文化。在他的领导下，该联盟正努力将传统与艺术和社会承诺相融合。卡尔博尼还启动了一个农村广播电台项目，专门报道当地的生产经验。

对于所有小规模的有机农户来说，构建循环、近距离、可持续、具有社会文化意义并且经济健全的产业链是他们的主要目标。除了对环境负担较小，这种模式还能够尊重当地传统的生产方式，而且可以创造经济价值。斯特凡诺·贝内德泰利在罗萨里奥·弗洛里迪亚农场的一次会议上明确表示了他的这一观点："从经济上讲，如果想种植小麦且不亏损，就必须嵌入到产业链中。"

通过作为中间商的合作社进行传统销售，有可能根本无法赢利。我们所采访到的意大利不同地区的农民都意识到建立新的产业链的重要性。其主要原因在于种植传统谷物品种的农民与工业化农业种植相比，利润较低。近年来，意大利谷物价格下降，而全球产量增加，使进口谷物价格更有吸引力，最终导

---

① http://consorziogranosolina.it/.

致意大利谷物利润越来越低。

以硬质小麦为例，2020年年初，在博洛尼亚谷物交易所①，硬质小麦的报价最高为每吨250—260欧元，而行业协会给出的最低指导价格约为300欧元，软质小麦的报价为每吨210—215欧元，而指导价格则达到每吨250欧元，也就是说每千克20多欧分。而有机种植的谷物价格更高，例如，硬质小麦达到每吨425—430欧元，黑小麦为275—285欧元。即使价格如此之高，也无法达到真正的盈利。

如果我们在这种低效益的基础上再加上由于气候变化导致的日益复杂的环境风险因素，那么，对一些农民来说，只能改变游戏规则应对这一现状。这就意味着要摆脱工业化生产，因为在常规农业种植的环境下，农民作为土地的所有者，却没有话语权，他们需要适应市场价格和农业政策。此外，从谷物到面包或者意大利面等最终成品的所有环节都需要把价格控制在最终消费者可以承受的范围内，因此在这场利益博弈中农民始终处于弱势。所以，不难理解为什么高品质的面包不能以每千克2—3欧元的价格出售。

---

① 有关农业的数据和信息可参考博洛尼亚谷物交易所官网：www.agerborsamerci.it/listino/listino.html，也可参考AgriNotizie网站（wwwagrinotizie.com/）、《农业太阳报》（*Quotidiano AgriSole*）、《24小时太阳报》（*Il Sole 24 Ore*）以及意大利国家统计局（Istat）、欧洲统计局（Eurostat）和国际有机农业运动联盟（IFOAM）网站。

第九章　意大利　打造闭合式循环产业链

意大利行业协会（意大利农业联合会、意大利农户联盟和意大利农业种植者协会）认为，虽然意大利农业的整体情况看起来并不乐观，但少数部门却呈不断上升的趋势，尤其是有机农业。根据意大利国家统计局、欧盟统计局和国际有机农业运动联盟[①]的数据，2010—2016年期间，农场数量减少了12%，从162万多家减少至142万家左右，而同期有机农场数量增长了54%，从4.1万家增加到6.4万家以上。目前，有机农场只占意大利农场总数的不到5%，却是10年前的2倍。不仅如此，自己加工产品的农场逐渐增多，2010—2016年期间，有机生产者的数量增长了44%，而兼顾生产与加工的人数增长了176%。

由于有机农业产量低，往往需要开垦更多的土地以弥补产量，从土地利用的角度来看，大规模地转换为有机农业会对环境产生非常大的影响[②]。其实，有机农业概念虽受到广泛认可，但也不乏争议。许多研究声称，有机农业在小农场往往采用混合耕作，由于在同一块田地种植不同的作物，化学品投入较少，能够减少对土地的压力，因此可以比常规农业更好地管理土地。

[①] 国际有机农业运动联盟（简称，IFOAM）总部设在布鲁塞尔，主要负责监测全球的有机农业发展。网址：www.ifoam.bio/。

[②] 科学杂志《自然—植物》在2016年刊登了一篇论文，汇集了多项研究，并根据生产力、环境影响、经济可持续性和社会福利四个不同的可持续性参数对有机农业的影响作出了评估。具体可浏览以下网站：www.nature.com/articles/nplants2015221。

意大利的有机农场一般都是小规模的，通常是边缘化的小型地块，而不是工业化农业所需的集中成片的土地。自 2010 年以来，意大利的有机农业面积增长了 61%，2016 年达到约 180 万公顷，而农业总种植面积为 1230 万公顷。有机农业在南部一些地区广受欢迎，如西西里岛、卡拉布里亚大区、阿普利亚大区和撒丁岛，这些地区的农业市场在最近一段时间受价格危机的影响最大，因此有许多农民愿意尝试一种新的农业经济模式。

———

撒丁岛是意大利就业率较低的大区之一，我们在这座岛上采访到一家极具创新性的农业创业公司。那是 2014 年，我们参加了一场农民会议，主要讨论恢复传统谷物和果树的问题。会议期间，我们遇到了马可·马克西亚（Marco Maxia），他从 1999 年开始就一直致力于恢复刺山柑的种植。决定创办这家公司时，马克西亚才 25 岁左右，他高中毕业于农业工程专业，进修过一些农学领域的专业课程，还在伦敦工作过几年。马克西亚所在的卡利亚里市附近的赛拉尔朱斯小镇，直到 19 世纪曾大量生产过刺山柑。他告诉我们："我们在这里发现了古老的刺山柑品种，并加以研究和恢复。当时促成这个想法的原因是我需要找到一份工作，并且也想为这片土地做点事情，让已经失传的文化重放异彩。刺山柑这种植物具有较强的生命力，可以适应

第九章　意大利　打造闭合式循环产业链

不同的环境。"因此，他开始与家人一起投入到恢复刺山柑的工作中，使其重新投入生产。从 1999 年开始的 44 株、产量约为 40 千克，15 年后，马克西亚已经拥有 700 株刺山柑、产量达到 1300 千克。他非常自豪地告诉我们："这些刺山柑是我们一个一个用手采摘的。我们拥有一条完整的闭合式循环产业链。我们是撒丁岛最大的刺山柑生产商，这也是公司产品的一种附加值。"

——

考察的最后一站是我们的家乡艾米利亚-罗马涅大区。这里有一大批食品和葡萄酒领域的新兴企业正像雨后春笋般破土而出，蓬勃发展，使这里成为意大利的食品谷。市场竞争十分激烈，想在市场上站稳脚跟，就必须有一定的原创性。2018 年 2 月一个柔和的冬日，我们前往博洛尼亚阿尔杰拉托小镇参加了一场欧洲农业研究项目的会议，会场安排在安德烈·切纳基（Andrea Cenacchi）的农场 Podere Santa Croce。切纳基是参与恢复 Virgo 品种（用于制作面包的软小麦混合品种）的农民之一。博洛尼亚大学农业食品科学与技术系对这种面粉的营养特性作出分析，并将 Virgo 作为集体品牌进行注册，所有参与该项目的生产者均可使用，他们需要遵循非常精确的种植和加工方法。

这家农场有一座二层的农舍，二楼是阁楼，晚上我们在这里品尝到农场准备的面包和其他美食，以及应季蔬菜。我们在意大利和世界许多其他地方的考察中都见到过多功能的农场运营模式。一方面，这些农场旨在使广大公众了解农业生态领域的特殊性；另一方面，可以帮助他们拓宽收入渠道，获得一份体面的收入。学校的学生可以来 Podere Santa Croce 农场学习如何制作面包，如何在农场碾磨面粉以及如何在菜园里种菜。星期天餐厅开放，提供传统的艾米利亚美食，食材几乎完全是农场生产的蔬菜和肉类。

切纳基农场的一大亮点是他自己建造的一间带有木架和石磨的小磨坊，可以用来碾磨面粉，也可以提供给其他使用石磨碾磨小麦的农民。自产自销这种模式可以有效地削减成本以及更好地控制整条产业链。

———

正如我们在美国所看到的那样，城市中也涌现出许多创新企业。在小麦、面包和面包店行业，博洛尼亚一家创业公司秉承着"认领一块土地，实现食物自由"这一理念成为最成功的创业公司之一。这家公司由帕斯夸莱·波利托（Pasquale Polito）和大卫·萨尔蒂（Davide Sarti）共同创立于2015年，二人是波伦佐美食科学大学的校友。他们最初在博洛尼亚市中心开设了一家 Forno Brisa 面包店，不到三年，已拥有三家分店，员工达到32人，平均年龄不到30岁，公司正在运营的项目也多种多样。Forno Brisa 不是一家普通的面包店，每家店也是咖啡馆，除了面包之外，还销售其他产品，如方形的切块比萨，2018年还获得了知名美食美酒大红虾奖（Gambero Rosso）。波利托和萨尔蒂还发明了便携式烤炉，可以在各种城市美食节和市场出售店里的比萨。最重要的是，Forno Brisa 面包店只使用种植当地品种的公司提供的谷物，并且在阿布鲁佐大区的诺奇亚诺也有自己的农场。农场种植 Solina 小麦和佩斯卡拉地区的其他品种，可覆盖面包店 35% 的面粉所需。

  波利托和萨尔蒂是许多协会网络的一分子。2018 年波利托在一次会议上对我们说，制作面包意味着赋予面包师更大的价值，面包店的理念十分简单，那便是制作出优质的面包。同样，Forno Brisa 面包店的创始人打造了吸引眼球的品牌故事，他们推出的营销策略使面包店在博洛尼亚这样一座美食丰富的城市背景下脱颖而出。面包店推出"水式酵母，你值得拥有"这一口号，并且为了更进一步地巩固品牌的价值，Forno Brisa 面包店最近通过众筹商业模式，吸引公众购买公司股份。他们希望设立自己的磨坊，打造一间用于开办培训课程以及举办会议的工作室，同时拓展公司其他业务领域，例如举办小麦收割体验活动，邀请参与者去阿布鲁佐大区收割小麦，共同体验"快乐农场"的乐趣。

  通过实地考察，我们深度采访了许多农民、研究人员和食品生产者，我们发现他们并不是充满理想主义的幻想家、新时代的弄潮儿，也不是怀念一去不复返的黄金时代的臆想者。近几十年来，工业化农业一直遵循着现代化的发展模式，但这并不能满足所有农民和消费者的需求，即使在工业化农业的发源地西方国家亦不例外。从饮食的角度来看，工业化农业抹平了许多食物、味道、颜色和习惯的差异，而这些差异是几个世纪以来不同地区的社会文化沉淀下来的宝贵财富，因此不能仅仅以市场效率的名义就将之取代。从环境的角度来看，工业化农业产生大量温室气体排放，对环境造成了较大的消极影响。此外，从田地到餐桌跨越数千公里的工业化农业系统虽然能够保证稳定的粮食供应，与此同时，也产生了大量的废弃物，估计占到总量的1/3。更重要的是，这一系统无法确保农民能够获得公平优裕的报酬。

粮食安全不仅仅是一个生产性的问题，粮食主权也是如此。这首先关乎土地所有权以及对食物的决定权，使南方国家和发展中国家所谓的"食物沙漠"中的地区，以及享有知情权的消费者有权利选择如何吃和吃什么，在哪里购买食物以及如何制作。

因此，南方国家、欧洲和美国的新农民网络对此提出了相应的解决方案，他们将创新与寻找更适合生产者和消费者的需求有机结合；在这些方法中，人们通过参与式实地研究，将农民拥有的传统知识与遗传学家掌握的科学技术相结合；人们可以摆脱生存需要带来的地域限制，根据自己的生活方式（以及对家乡的热爱）选择住在乡村或者城市。在这种模式中，人们遵循有机农业的生产原则，减少化学品投入，降低对环境的影响，从而掌握产品的主动权。

常规农业的工业化进程使农作物产量和品质均得到提升，与此同时，农业生物对多样性产生切实影响。目前，意大利田间栽培的软质小麦和硬质小麦品种只有几十个，而过去曾达到几千个。根据欧洲小麦品种数据库收集的信息，截至第二次世界大战，共发现、改良、筛选、研究和栽培的意大利品种多达6200个。近几十年来，工业化农业的品种结构较为单一化，因此这些遗产均被搁置起来。

生物多样性是恢复的关键。这一点毋庸置疑。大规模的单一种植具有较高的生产力，也更容易受到环境的威胁。从19世纪中期爱尔兰爆发的马铃薯枯萎病并最终发展成罕见的爱尔兰大饥荒，到近年来蔓延的玉米枯萎病等，这些都是强有力的证明。

学术界和经济界就有机农业能否养活全球人口展开了激烈的讨论。不同的立场在科学界共存，双方各执己见，很难达成共识。然而，有一个事实似乎无可辩驳：粮食生产是一个较为复杂的系统，涉及土地消耗、产能、种子供应、食物获取和分配、减少环境影响、尊重社会和文化价值、土地管理等，妄想找到唯一的方案来解决所有这些问题是不切实际的。因此，经过这次漫长的考察之旅，我们能给出的答案也并不是唯一的。相反，在未来的时间里还有许多新的问题需要学习和研究。我们也收集了一系列关于坚持多样性农业的具体数据和实例。

坚持多样性农业模式具有很强的政治性质，能够对选择发展模式和维护农民权利起到至关重要的作用。这种发展模式不是凭借专家在千里之外的无菌实验室采用尖端技术培育出种子，而是需要创新。农村和城市各有特点，因此农村所需的创新应该考虑到环境和文化的差异。这种创新应赋予多样性更多价值，而不是倾向于同质化、标准化和低水平重复发展。

正如尼古拉·瓦维洛夫所指出的那样，种子是粮食安全的关键。数千年以来，一代又一代农民筛选、培育、交换和传播了大量种子资源。瓦维洛夫深知种子的重要性，也正因此，他不知疲倦地开展研究活动，率领采集队到世界各地考察，与农民交谈，了解植物的名称和用途及其发展潜力。生物多样性对今世后代有着巨大价值，因此不能因为提高生产效率而致使生物多样性减少。农业有别于工业，从几万年前人类驯化野生作物种子到今天，农业汇聚了世界各地农民的创造力、知识和坚韧不拔的精神，农业发展是我们始终不渝的初心使命，也是我们的未来。

后　记

　　一个幽灵一直在人类的头上盘旋，它就是饥饿。正如杰出的阿根廷记者马丁·卡帕罗斯（Martín Caparrós）所言："我们了解饥饿，熟悉饥饿感。我们每天都会有两三次感到饥饿。好像在日常生活中，再也没有其他什么东西能像饥饿这样常见了，然而，恐怕也再没有什么东西能像真正的饥饿这样，离我们如此近，却又离我们如此远。"它们是两种不同形式的饥饿。第一种饥饿可以通过打开冰箱或进入餐馆轻松得到缓解；而第二种则是一个系统性的问题，是由不同因素造成的，这一问题主要困扰着经济实力较弱的国家以及西方和新经济强国以外的国家。

　　尽管各机构和人道主义组织都在努力开展国际合作，但据联合国粮农组织称，即使在今天仍有超过8亿人口每天摄入的热量严重不足，这意味着在这个地球上每天有1/7的人在挨饿。最近几年这个数字有所下降，但仍然过高，卡帕罗斯认为，如果你对此不感到愤怒，那么你最好反思自己的人性。

　　面对这些数字，我们立即感到有必要了解是否有可行的方法让我们每个人在未来都能获取足够的食物。其中一个解决方案或许看似有些天真，那便是增加农业产出，以满足真正饥饿的人的食物需求。如果考虑到未来的人口情况，这一方案至少还是有部分意义的。如果不发生重大灾难，目前80亿的世界人口将在大约30年后达到100亿。未来将增加20多亿张嘴，要养活他们，现在就应该着手考虑他们的未来了。特别是那些被饥饿的幽灵潜伏了几个世纪，却从未战胜它的国家，其人口快速增长，而富裕的欧洲国家的人口却停滞不前。

自20世纪后半叶以来，如何处理不断增长的人口的饥饿问题引起高度关注。从20世纪初到第二次世界大战结束，在不到50年的时间里，全球人口翻了一番。据估计，1960年全球人口达到了30亿。与此同时，生活在饥饿中的人数在不断增加，西方和世界其他国家——可以轻松获得食物和没有冰箱可开——之间的财富差距也在扩大。

找出导致饥饿的原因并非易事。饥饿肯定是由许多因素造成的，而且并不总是能够简单区分出哪个因素是开端，哪个因素是终结。导致20世纪成为真正饥饿的世纪的原因是相互交织和重叠的。当然，西方殖民主义的后遗症已经在今天的许多国家留下了深刻的印记，这些国家的粮食安全状况都十分严峻。殖民者对自然资源的密集开发；对农民实施土地改革法以及土地剥削，如英国人和南非布尔人签订的土地法，将92%的土地分配给白人；利用整个地区种植西方国家所需的出口作物，如在南美地区广泛种植咖啡，导致当地农民传统知识和习俗丧失。这一系列因素促成了许多发达国家完成财富积累并拥有物资丰富的"冰箱"，而留给被剥削地区的却是残渣碎屑和难以弥补的差距。

然而，认为随着非殖民化的开始情况将有所改善的想法似乎有些天真，并且也是不太现实的。例如，从牛油果和藜麦的情况来看，以生物和农业资源为中心的殖民化形式似乎仍在继续。因此，饥饿不仅仅是由人口增长以及贫困人口缺乏生产粮食和管理土地的能力所造成的，而是一系列因素造成的复杂后果，这些因素在国际范围内仍在持续加剧。

为了满足生产更多粮食的需求，20世纪60年代开展了"绿色革命"，这一系列举措使一些新兴国家的数亿人，特别是墨西哥和印度的大量人口摆脱了饥饿。通过人工选择培育出的杂交种子，以及用于提高土壤生产能力（肥料）、遏制杂草的负面影响（除草剂）和控制某些植物疾病传播（杀虫剂）的化学品的广泛应用为这一革命举措作出显著贡献。另一个重要因素则是农业机械化，把农民从繁重的体力劳动中解放出来，实现了效益最大化。所有这些因素共同创造了一种新的农业模式，这是前所未有的，这种模式为人类提供了对抗饥饿幽灵的具体且有力的武器。

然而，早在20世纪60年代，就有人对这种发展模式提出了质疑。美国生物学家和科学记者蕾切尔·卡森（Rachel Carson）于1962年出版了《寂静的春天》，在这部极具影响力的著作中，她以生动而严肃的笔触描写了过度使用化学品对环境的影响。这部作品出版后推动了新生的美国环保运动的发展。

早期生态学家对工业化农业提出质疑，培育杂交种子和化学添加剂的跨国公司给社会经济带来了一些影响，这些是促使我们撰写这本书的第二个宗旨，反思我们的行为对环境，特别是对气候的影响。"绿色革命"是在与今天不同的背景下生成的产物，它提出通过从上而下的技术科学解决方案来解决粮食生产问题。然而，这些解决方案对于因环境不同会产生巨大差异的问题，几乎没有给出答案。

近年来，我们已经意识到，由于人类活动，气候正在发生变化。我们不知道是否以及何时会出台国际政策来大幅减少导致全球变暖的温室气体排放。但可以肯定的是，根据所有合理的未来设想，尤其是联合国政府间气候变化专门委员会（IPCC）发布的评估报告，地球平均温度的上升将对当地气候产生严重影响：长期干旱、降雨分布显著变化、海水渗入含水层、极端天气事件的频率增加等。这些都是对当地农作物有直接影响的因素，其后果很难预测，对产量和耕作方式本身都有影响，例如，播种期被推迟，采收提前，因此，计划田间活动和

后 记

预估粮食产量变得更加困难。现在我们深知这一问题是双重的，我们不仅要为不断增长的人口生产足够的粮食，而且要通过环境可持续战略来实现这一目标，因为工业化农业等人类活动对气候变化产生了重要的影响。

在过去的十年里，我们认识了许多来自世界各地的人，他们致力于提出一种替代"绿色革命"和工业化农业的发展方式。他们当中有研究人员、创新者、农民企业家、活动家以及政治家，在不负责任地发展农业和以一腔热血回归过去之间，他们选择了第三条道路，既不怀旧或倾向于反对现代技术的鲁德主义，又不主张科学技术的实证主义。为了充分理解他们，我们需要追溯到20世纪初的俄国，十月革命和沙皇帝国垮台见证了苏联的诞生，那是一个伟大的社会和文化发酵的历史阶段。在寻找真正的饥饿的答案过程中，我们要追随一位伟大的俄国植物学家和遗传学家的脚步，他的科学见解对人类有着重要的价值。他便是尼古拉·瓦维洛夫（Nikolaj Vavilov）。

———

暮色渐浓，6月的夜晚凉爽宜人，已经快11点了。地平线上的天空变成红色、黄色和金色，再往上看，便是那深邃的蓝色世界。

在两种色调之间，有一种乳白色将之逐渐淡化，这就是圣彼得堡白色夜晚的夜景气氛。我们正沿着涅瓦河行走，从城市的这一处望去，这条河在埃尔米塔日博物馆、火星场和对岸的彼得保罗要塞之间就像一个大的水上广场。我们来到这里，但是还没有一个明确的计划。驱使我们的只有强烈的好奇心，想近距离地了解尼古拉·瓦维洛夫在这座城市创建的至今仍以其名字命名的研究所——俄罗斯瓦维洛夫植物遗传资源研究所（VIR）。这里距离俄罗斯帝国全盛时期的沙皇尼古拉一世的纪念碑和莫伊卡河只有一箭之遥，莫伊卡河是流经圣彼得堡的一条河，曾经是货物和人员的运输通道。植物遗传资源研究所仍然存放着瓦维洛夫本人在近一个世纪前建立的种子库，这也是他多次到世界各地考察种子的成果。

无论是在帝俄时期还是在后来的苏维埃政府时期，瓦维洛夫都没有放弃对粮食作物的研究，尤其是谷物和豆类，因为除了推广科学知识外，他还有一个具体目标，那便是提高作物产量。苏联政府为各共和国人民勾勒出光明未来的美好愿景，所以在对抗真正的饥饿这场战争中决不允许失败。增加耕地势在必行，特别是在人口稀少和贫穷的西伯利亚地区。但是北方地区气候寒冷，在许多情况下条件极度恶劣，当时已知的谷物作物几乎都无法获得显著的产量。

作为一个受过教育并对农业历史有着敏锐观察力的人，瓦维洛夫很快就提出了一个有助于对人类几千年来所驯化的大量栽培植物进行深入了解的理论。他深知农业文明大约在一万年

后 记

前起源于所谓的"肥沃的半月形地带",即今天的叙利亚、伊朗、伊拉克和约旦一带。在那一时期,人类获得食物的方式开始从单一的从自然中采集转向一种从植物中获取食物的新方式,人类开始自己种植作物。具体的细节并不为人所知,但在经过不知多少次尝试的过程中,早期的农民意识到,通过保存一些可食用植物的种子,然后在第二年重新播种,可以获得新的作物。不仅如此,他们还意识到,通过从最好的植物或具有最有用的特征(果核较大、较易提取、味道较好、容易制成面粉等)的植物中挑选种子,可以增加种子的后代延续这些优良特征的可能性。一季又一季,栽培的植物看起来越来越不像它们的野生亲属,它们已经被驯化了。

有关这段农业历史的简化描述使瓦维洛夫灵感迸发,并提出了一种简单但很有可能具有革命性的见解,这种见解与国际科学界广为流传的观点产生了有趣的碰撞,其中就包括查尔斯·达尔文的进化论和格雷戈尔·孟德尔的人工选择实验。瓦维洛夫开始认为,我们今天所种植的作物,是一万多年前采集的野生植物的远亲,应该会有一个起源中心。换句话说,在地球上的某些地区应该可以从驯化的小麦、水稻、小米、马铃薯等品种中找到最野生、最遥远、最古老的品种。

发现植物的起源中心本身是十分艰巨而复杂的,需要跨越局势动荡地区的边界,在艰难的出行条件下前往世界各地考察收集样本。但是瓦维洛夫有一个更高的目标。他想尽可能多地发现和研究同一植物的多个品种，因为他认为野生品种可能会有助于他达成自己的研究目的，即在西伯利亚气候下获得用于栽培的植物。而事实证明他的研究方向是正确的。他提出的植物起源中心理论简单易懂，是几千年来全世界农民一直在做的事情的一种加速和定向版本，就是将我们已经种植的品种与野生品种进行杂交，一代又一代，以便确定品种即使在恶劣的气候条件下也能获得一定产量。拓宽遗传基础，寻找使作物有能力承受不同温度、干旱或疾病的特征。简而言之，使遗传学成为真正战胜饥饿的主要武器。

瓦维洛夫不仅发现了巨大的遗传变异性储存，而且还意识到今天在世界各地栽培的植物的传播背后有着清晰的历史路径，这种传播可能是借助农民之间相互交换，或者沿着贸易路线的运输，作为礼物从地球上的一个地方运送到另一个地方。他发现栽培的植物中每一种都有精确的产地，每一种都来自地球上一个确切的区域。

使用最现代的术语，也就是说，瓦维洛夫确定的八个栽培植物起源中心是已知主要作物类型的生物多样性起源中心。例如，我们知道小麦来自"肥沃的半月形地带"，玉米来自墨西哥，这意味着我们将在这些地区发现这些物种的最大遗传变异性。简而言之，每个起源中心都是一种潜在遗传特性的天堂，可以利用这些特性来生产邻近植物的新品种，这些品种与那些经过驯化的原有作物有着极为密切的关系。

瓦维洛夫在考察旅行途中往列宁格勒（即今日的圣彼得堡）寄回一袋又一袋的种子和植物样本。他是第一个提出建立种子库的人，他认为种子库既可以作为苏联和全世界农学家的研究资料，又可以为抗击饥荒提供遗传资源。从他持续考察收集到的样本中，诞生了一个复杂的种子保存系统。事实上，除了种子库之外，他所创建的研究所还管理着一个分散在苏联各地的实验站网络，从黑海的克拉斯诺达尔到日本海的海参崴，分布广泛，以便对收集到的种子进行维护和研究。通过这种方式，这些藏品至少以两种不同的方式被保存下来——种子库属于异地保存，田间属于实地保存——并且可以同时在不同的气候和环境下进行研究。

除了现代化的保存技术，例如-80℃的冷冻室，目前研究所的设施几乎与瓦维洛夫设计的保持一致。20世纪这种模式被世界其他地方兴起的种子库所复制和仿效。有人指责他是掠夺当时贫穷国家的遗传资源政策的推动者，是一种农业殖民主义。但首先应该强调的是，通过阅读他的旅行日记可以验证一点，瓦维洛夫始终对其他国家的人，特别是农民怀有深深的敬意，他认为农民是几千年来传承驯化植物资源链条的主角。瓦维洛夫想从农民那里了解一切——农民称呼植物的名字、他们对植物的用途、他们的故事。瓦维洛夫不仅是一位遗传学家，也是一位语言学和人类学爱好者，他一丝不苟地写下了他所考察过的每个地区的故事。不幸的是，这些故事只有一部分流传了下来。此外，他的种子收集活动应该以当时的环境为背景，瓦维洛夫研究种子并在国际展览中作为具有异国风情的纪念品进行展示，但在当时没有一个西方研究者认为收集植物、动物、工艺品，或者收集与人类相关的标本有任何价值。

瓦维洛夫和他的合作者非常重视种子藏品，这里有一段血腥的插曲便是最有力的证明。第二次世界大战期间，德国人围攻列宁格勒（即今日的圣彼得堡），根据针对这一历史事件的一些解读认为，德国有意夺取该研究所的种子收藏，以促进德国农业发展。围攻是冲突中最血腥的阶段，于1941年9月8日开始，一直持续到1944年1月18日。在残酷的战争中有近120万人饥寒交迫。其中就包括14位来自瓦维洛夫研究所的研究人员，可他们宁愿让自己饿死，也不愿意以他们在种子库保存的种子为食，这足以表现出他们对所有种子遗产的重要性的非凡认识。

当时瓦维洛夫不在研究所内，因为他已经在1940年被苏联斯大林时代的主要政治警察机构内务人民委员部逮捕。恰恰是他在国外的任务，使他在政权眼中受到怀疑。那么他是一名间谍吗？他与敌人和西方有关系吗？1940年8月6日，他在乌克

后 记

兰切尔尼夫奇（Černivci）这座与罗马尼亚接壤的城镇被捕。瓦维洛夫在那里进行实地考察任务时被警察抓获。随后，他接受了数百小时的审讯，并于1941年7月9日被判处死刑。瓦维洛夫失踪的细节直到20世纪50年代斯大林去世后才被曝光，当时在尼基塔·赫鲁晓夫的领导下，苏联开始对他在科学方面的历史功绩进行恢复，直到60年代他才得到正名。也许是因为随着战争的进展，委员部有其他问题要处理，也许是出于我们永远无法知晓的原因，对瓦维洛夫的判决从未执行，他又在监狱里待了一年半，直到1943年1月26日在狱中饿死。对于一位致力于研究如何对抗饥饿的科学家来说，这仿佛是命运的苦涩讽刺。

近几十年来，瓦维洛夫的创新思想被一些研究人员所采纳，他们提出了如何让农民种植适合日益多变的气候的植物品种。他们希望突破常规农业、绿色革命和集约化农业带来的瓶颈问题，认为只有这样才能消除饥饿，避免气候变暖威胁粮食安全。他们是希望像瓦维洛夫一样将学术研究与农民的千年知识相结合的科学家，是创新者，他们也许有些理想主义，却充满激情，希望为农业发展寻求一条不同的道路。他们是质疑经济和政治机构教条的人，他们不会让自己被那些只会泛泛而谈的专家所指挥，他们希望参与到讨论之中；他们中有男有女，尽管生活在遥远的国家和非常不同的背景下，却在可持续农业生产、寻求粮食安全和主权方面有着同样的认知和理念。这次考察之旅我们前往了八个不同的国家，去追随尼古拉·瓦维洛夫在各个角落留下的足迹，他就像是我们的第三名旅行伙伴，在每一个地方，在每一次发现和相遇时，仿佛他都在远远地看着我们，透过胡须露出满意的微笑。

鸣　谢

如果没有许多人的支持和勉励,这本书是不可能问世的,在此我们要衷心感谢里卡多·博奇、朱利亚·博内利、弗朗西斯卡·孔蒂、乔丹诺·科苏、库姆巴利·迪亚·里诺·格雷科、丽莎·拉扎拉托、朱利亚·罗科、菲奥娜·麦克劳德、米·切莱·内尔、梅德·萨利米、莫妮卡·托拉。感谢许许多多农民、研究人员、种子保管员和有着丰富经验的亲历者,感谢他们与我们分享自己的故事,给我们带来许多灵感。我们有很多人要感谢,以上如有疏漏之处,那可能是啤酒在作祟,还请多多谅解。

在此,伊丽莎白·托拉要特别感谢保罗和马蒂亚,他们都对美食和探索世界有着强烈的热爱,感谢他们在她滔滔不绝地谈论种子和农业故事时,总是认真倾听。她还要感谢住在特雷维索的家人,感谢他们对这段考察之旅的关注。感谢她的博洛尼亚的朋友们,能够与之品酒聊天,讨论人生,实属幸事。

马可·博斯克罗在此想感谢他的头号支持者继莎拉之后第二位阅读本书稿的朋友佩皮。特别感谢安塔尼的瑜伽组在不知不觉中参与了这本书的创作，并感谢博洛尼亚的 LGBT 合唱团 Komos 的所有合唱者，在自己觉得交稿的日子遥遥无期时感受到了继续坚持的力量。在此还要感谢所有为本书的创作带来灵感的人：亚历山德罗、广美、艾多尔多、萨曼莎、法比奥，还有许多人需要感谢，在此无法将他们一一列出。

这本书凝聚了两份主要记录地方品种，关注农民观点的报告文学。在此感谢欧洲新闻中心提供的两笔资助，使我们得以从 2014 年到 2019 年完成了十五次考察，采访了数十个人。报告均在以下网站发表，欢迎前往网站 seedversity.org 和 seedcontrol.eu 了解报告内容。

参考文献

尼古拉·瓦维洛夫相关文献

Barry Mendel Cohen, "Nikolai Ivanovich Vavilov: The Explorer and Plant Collector", in *Economic Botany*, vol. 45, 1, 1991.

Olga Elina, "From Russia with Seeds: The Story of the Savitskys, Plant Geneticists and Breeders", in *Studies in the History of Biology*, vol. 6, 2, 2014.

Eduard Kolchinsky, "Nikolaĭ I. Vavilov in the realm of historical and scientific discussions", in *Almagest-International Journal for the History of Scientific Ideas.*, vol. 8, 1, 2017, pp. 5-36.

Igor Loskutov, "Vavilov and his institute. A history of the world col-lection of plant genetic resources in Russia", *International Plant Ge-netic Resources Institute*, Roma 1999.

Jules Janick, "Nikolai Ivanovich Vavilov: Plant Geographer, Geneti-cist, Martyr of Science", in *Horticultural Science*, vol. 50, 6, 2015.

Gary Paul Nabhan, "Where Our Food Comes From: Retracing Nick-olay Vavilov's Quest to End Famine", *Island Press/Shearwater Books*, Washington D.C. 2009.

Mark Popovsky, "The Vavilov Affair", *Archon Books, Hamden*, Connecti-cut 1984.

Oriana Porfiri, "I frumenti. Dalle varietà al campo, "*Pentàgora*, Savo-na 2014.

Peter Pringle, "The Murder of Nikolai Vavilov", *Simon and Schuster*, New York 2008.

Nikolaj Vavilov, "Five Continents", *Bioversity International*, Roma 1996. Disponibile anche in pdf: www.bioversityinternational. org/e-library/publications/detail/five-continents/.

Nikolaj Vavilov, "L'origine delle piante coltivate. I centri di diffusione della diversità agricola", *Pentàgora*, Savona 2015.

Nikolaj Vavilov, "The Origin and Geography of Cultivated Plants", *Cambridge University Press*, Cambridge 2009.

其他文献

AA. VV., "Concentration in Seed Markets. Potential Effects and Policy Responses", *OECD Publishing*, Parigi 2018.

Massimo Acanfora, "Coltiviamo la città", Adriano Salani

Editore, Mi-lano 2012.

Guntra Aistara, " Organic Sovereignties ", *University of Washington Press*, Seattle 2018.

Fabio Bertapelle, "Semi di giustizia, "*EMI*, Bologna 2010.

Dario Bressanini, e Beatrice Mautino, "Contro natura: Dagli OGM al "bio", falsi allarmi e verità nascoste del cibo che portiamo in tavola", *BUR Rizzoli*, Milano 2015.

Martín Caparrós, "La fame", *Einaudi*, Torino 2015.

Salvatore Ceccarelli, " Mescolate contadini mescolate. Cos'è e come si fa la selezione genetica partecipativa", *Pentàgora*, Savona 2016.

Salvatore Ceccarelli, "Ci vediamo stasera a Damasco", *Pentàgora*, Sa-vona 2019.

Rachel Carson, "Primavera silenziosa", Feltrinelli, Milano 2016.

Piero Camporesi, "Il pane selvaggio", *il Mulino*, Bologna 1980.

Jahi Chappell "et al"., "Agroecology as a Pathway towards Sustainable Food Systems", MISEREOR, Aachen 2018.

Davide Ciccarese, " Il libro nero dell'agricoltura. Come si produce, coltiva e alleva quello che mangiamo. L'impatto ambientale dell'a-gricoltura moderna. Gli eccessi produttivi e gli sprechi. Il lavoro nero", *Ponte alle Grazie*, Milano 2012.

Gordon Conway, "The Doubly Green Revolution. Food For All In The 21st Century", *Cornell University Press*, New York 1997.

Paul Dorosh, Shahidur Rashid (ed.), "Food and Agriculture in Ethi-opia: Progress and Policy Challenges", *University of Pennsylvania Press*, Philadelphia 2012.

Mark Gevisser, "Lost and Found in Johannesburg: A Memoir, " *Farrar, Straus and Giroux*, New York 2014.

Peter Gill, "Famine & Foreigners. Ethiopia Since Live Aid", *Oxford University Press*, Oxford 2010.

Bernhard Gleaser, (ed.), "The Green Revolution Revisited. Critique and alternatives", *vol. II, Routledge*, Londra e New York 2011.

Harry V. Harlan, "One Man's Life with Barley: The Memories and Observations of Harry V. Harlan", *Exposition Press*, New York 1957.

Phil Howard, "Concentration and power in the food system", *Blooms-bury*, Londra 2016.

Stefano Liberti, "I signori del cibo", *minimum fax*, Roma 2016.

Mark Shapiro, "Seeds of Resistance". "The Fight to Save Our Food Sup-ply", *Hot Books*, New York 2018.

Sergio Salvi, "L'uomo che voleva nutrire il mondo. I primi 150 anni di Nazareno Strampelli", *Accademia Georgica Treia*, Treia

(MC) 2016.

JohnYoung, "Peasant revolution in Ethiopia: The Tigray People's Liberation Front, 1975—1991", *Cambridge University Press*, Cambridge 1997.

政府机构报告及文件

AA. VV., "The State of Food and Agriculture 2010—11. Women in Ag-riculture: Closing the Gender Gap for Development", *FAO*, Roma 2011.

AA. VV., "Climate Change and Land: a Special Report on Climate Change, Desertification, Land Degradation, Sustainable Land Man-agement, Food Security, and Greenhouse Gas Fluxes in Terrestrial Ecosystems", *IPCC*, 2019.

AA. VV., "Inequalities in Human Development in the 21st Century. Briefing Note for Countries on the 2019 Human Development Report: Nigeria", *United Nation Development Programme*, New York 2019.

AcBio, "The expansion of the commercial seed sector in sub-Saha-ran Africa: Major players, key issues and trends", 2015. Disponibile qui: www.acbio.org.za/en/publications.

AcBio, "Integration of small-scale farmers into formal seed produc-tion in South Africa: A scoping report", 2016. Disponibile qui: www.acbio.org.za/en/publications.

Centro Studi Confagricoltura. Rapporti vari sui dati della superficie agricola utilizzata italiana, sull'andamento delle imprese in agri‐coltura convenzionale e agricoltura biologica. http://www.confa‐gricoltura.it/ita/comunicazioni_centro‐studi/rapporti‐economici/.

FAO, IFAD, "United Nations Decade of Family Farming 2019—2028 Global Action Plan", *FAO*, Roma 2019.

Josep Garí, "Review of the African Millet Diversity", in "International workshop on fonio, food security and livelihood among the rural poor in West Africa", *IPGRI/IFAD, Bamako*, Mali 2001.

John Gregory Hawkes, "Back to Vavilov: Why Were Plants Domes-ticated in Some Areas and Not in Others?", in "The Origins of Ag‐riculture and Crop Domestication", in "Proceedings of the Harlan Symposium 10—14 May 1997 in Aleppo, Syria", ICARDA, Aleppo 1998. Disponibile qui: www.bioversityinternational.org/filead-min/bioversity/publications/Web_version/47/begin.htm#Contents. Frank Hollinger (ed.), "Agricultural Growth in West Africa: Market and Policy Drivers", *African Development Bank and FAO*, Roma 2015.

International Service for the Acquisition of Agri-biotech Applications, ISAAA, 2015. Disponibile qui: www.isaaa.org/resources/publica - tions/annualreport/2015/pdf/ISAAA - Aannual _ Report - 2015.pdf.

Siwi Nugraheni, Agustinus Purnama, "Problems and Prospects of Or-ganic Farming in Indonesia: lessons from five districts in West Java province", in " Government and Communities: sharing Indonesia's common goals ", *IRSA Book Series on Regional Development* No. 12, 2014.

OECD, "Concentration in Seed Markets: Potential Effects and Policy Responses", *OECD Publishing*, Parigi 2018.

Chris Reij, "How Ethiopia Went from Famine Crisis to Green Revo-lution", *World Resources Institute*, 2015.

Gianfranco Venora, Sebastiano Blangiforti, "I grani antichi siciliani. Manuale tecnico per il riconoscimento delle varietà locali dei fru-menti siciliani, "*Le Fate Editore*, Ragusa 2017.

其他文献及学术论文

"Africa's new Number One: Nigeria's suddenly supersized economy is indeed a wonder; but so are its still-huge problems", *The Economist*, 12 aprile 2014.

Christopher Albin-Lackey, "The Dark Side of Ethiopia's "Green Rev-olution"", "Human Right Watch", 2005. Disponibile qui: www. hrw. org/news/2005/09/05/dark-side-ethiopias-green-revolution

Regine Andersen, Pitambar Shrestha, Gloria Otieno, Yoshiaki Nishi-kawa, Patrick Kasasa, Andrew Mushita, "Community Seed Banks: Sharing Experiences from North to South", DIVERSIFOOD, 2018. Disponibile su: www.diversyfood.eu.

Riccardo Bocci, Gea Galluzzi, "Guida ai sistemi sementieri", Rete Semi Rurali, 2015. Disponibile qui: www. semirurali. net/files/9/Sche-de/110/Guida-ai-sistemi-sementieri.pdf.

Sylvie Bonny, "Corporate Concentration and Technological Change in the Global Seed Industry", in "Sustainability", 9, 2017, p. 1632. Henry Bryant "et al"., "Effects of Proposed Mergers and Acquisi-tions Among Biotechnology Firms on Seed Prices", Agricultural & Food Policy Center Department of Agricultural Economics Texas A&M AgriLife Research, Texas A&M AgriLife Extension Service, Texas A&M University, 2016.

Gary Hansen, "Indonesia's Green Revolution: The Abandonment of a Non-Market Strategy toward Change", in *Asian Survey*, vol. 12, No. 11, 1972, pp. 932-946.

参考文献

CorbyKummer, "Beyond the Macintosh. One man's mission to save abandoned (and glorious) apples by helping people plant for the future", in *The Atlantic*, May issue, 2008.

James Luby, Philip Forsline, Herb Aldwinckle, Vincent Bus, Martin Geibel, "Silk Road Apples – Collection, Evaluation, and Utilization of Malus sieversii from Central Asia", in *Horticultural Science*, vol. 36, 2, 2001.

Tamara Lucas, Richard Horton, "The 21st-century great food trans-formation", in *Lancet*, vol. 393, 2019, pp. 386-387.

Joko Mariyono, Tom Kompas, Quentin Grafton, "Shifting from Green Revolution to environmentally sound policies: technolog-ical change in Indonesian rice agriculture, "in *Journal of the Asia Pacific Economy*, 15, 2, 2010, pp. 128-147.

Edmund Oasa, "Farming Systems Research: A Change in Form But Not in Content", in *Human Organization*, vol. 44, No. 3, 1985, pp. 219-227.

Andrew Pears, "Technology and Peasant Production: Reflections on a Global Study", in *Development and Change*, 8, 1977, pp. 125-159.

Prabhu Pingali, "Green Revolution: Impacts, limits, and the path ahead", in *PNAS*, July 31, 2012, 109, 31, pp. 12302-12308.

Dis-ponibile qui: doi.org/10. 1073/pnas. 0912953109.

Per Pinstrup-Andersen, Peter Hazell, "The Impact of the Green Revo-lution and Prospects for the Future", in *Food Reviews International*, 1, 1, 1985, pp. 1-25.

Pietro Santamaria, Laura Ronchi, "Varietà da conservazione in Italia: lo stato dell'arte per le specie orticole. "Review n. 29 - Italus Hor-tus, 23, 2, 2016, pp. 29-44.

Sergio Salvi, Oriana Porfiri, Salvatore Ceccarelli, Nazareno Stram-pelli, the "Prophet" of the green revolution, in *Journal of Agricul-tural Science*, 151, 2013, pp. 1-5.

Adrienne Shelton, William Tracy., "Participatory plant breeding and organic agriculture: A synergistic model for organic variety devel-opment in the United States", in *Elementa: Science of the Anthro-pocene*, vol. 4, 2016.

Coit Suneson, "An evolutionary plant breeding method", in *Agrono-my Journal*, 48, 1956, pp. 188-191.

William Thomas (ed.), "Man's Role in Changing the Face of the Earth", *University of Chicago Press*, Chicago 1956.

KevinWest, "Saving the Season: A Cook's Guide to Home Canning, Pickling, and Preserving: A Cookbook", *Knopf Doubleday*, New York 2013.